心錨

姐就是答案

陳玟君 著

第八章　君式心法

推薦序

永遠「毋要緊」的歐巴桑

日式威廉髮藝A事業部 劉宏鎮 董事長（二哥）

玟君很「悍」不只是展現在性格上的明快爽直而已，就像「悍」這個字拆開來就是，每「日」＋用「心」＋「干」（追求），她真的每天都認真在追求更好，把公司當成自己的在經營與付出，威廉的教育部在她的管理下，風風火火頗具規模。

與玟君共事是一件很爽快的事，不需要太多的「溝通」我可以放心也放手，她是個很正直也值得信任的人，誠信像是刻在她骨子裡一樣，答應的事使命必達，更難能可貴的是她不怕困難與挑戰，任何事交付給她永遠做得比預期的好。當遇到大事想問她需不需要幫助的時候，問她：歐巴桑，阿力五要緊某？「她沒事吧？」而她笑著跟我說：毋要緊「沒事的」，我便知道她可以搞定。

她是個很願意也勇於扛責任的人，這對一個女孩子來說相當不容易。「當責」不是件簡單的事，承擔的多抗壓性要足夠，也要有智慧做明快的取捨。我們之間不只是上對下的關係，更多的是兄弟般的情誼，拿得起，放得下，是我欣賞她的另一點。玟君選擇在表現最好的時候離開公司投身到保險業，這一番華麗轉身又見另一番風景。

永遠「毋要緊」的歐巴桑，不管去到哪裡都能發光發熱做出一番成就。現在她出了第一本書分享了她的人生故事，我替她感到開心，因為她值得被看見的，不是只有她風光亮麗的那一面，更多的是背後咬牙走過的艱辛樂觀面對生命的熱情，終於大家可以看見真正帥氣的玟君。

推薦序——

「玟」峰而至　眾志成「誠」——

王文全　董事長&魏淑蓮　執行副總

緣分是件很奇妙的事情，大誠保經在面對轉型期的那段時間，需要很大幅度的調整與更多的新血注入，經過積極的招募之後，很幸運地，能夠網羅到許多認同大誠理念的保險高手們加入大誠這個大家庭，而玟君便是當時眾多菁英當中的頂尖菁英。玟君走進了大誠，從此，大誠變成了玟君的「家」。

玟君到大誠來的時候，已經是保險業中的翹楚，戰功更是在業界赫赫有名，是個響噹噹的人物。等於說，她在事業巔峰的時候，決定「擇木而居」到大誠，但是她並沒有帶著 MDRT TOT 的傲氣，反而是對人和氣誠懇，而且帶著一身的骨氣。她工作上的態度以嚴謹出名，但是在同事與客戶間的互動，卻相當的貼心與溫暖。

從認識玟君到現在，她不斷地在刷新自己人生的紀錄，從不以現狀為滿足，也從不停止學習、成長。玟君還有一個很棒的特質，就是「說到做到，劍及履及」。玟君是一個不說白話也不需要「交代」的人，她總是有很多的想法，而且會盡心盡力去落實。大誠能夠給玟君的只有一個更好的平台，更棒的環境，我們夫妻最常跟她說的只有兩個字「加油！」她總是加好加滿用力衝。

保險對玟君來說，不只是帶給她快樂的事業，更是翻轉她人生的工具，所以對她來說，有一種更大的使命感，希望很多跟她一樣辛苦生活的人，能夠有一個翻轉人生的平台，這本書便是因此而生。我們也希望所有看到這本書的讀者，除了從玟君身上學習到行銷的心法，面對人生的積極正面心態，也能夠和玟君一起在保險的行業學習、成長與創造不一樣的人生。

推薦序

定錨……

王介安 GAS口語魅力培訓 創辦人、
廣播主持人、銘傳大學傳播學院助理教授

你為你的人生定錨了嗎？你在何時為你的人生定錨的呢？

她，是一個堅持、拼搏，帶著俠女性格的女性。

認識玟君的那一年，她還在三商美邦人壽工作，年輕有衝勁的她，選擇了我的《GAS口語魅力培訓》課程，為的是和一群希望能夠挑戰自己口語溝通能力的學員互動成長。我們在台北市內湖的「學學文創」相遇，每一個星期見面一次，互動分享，彼此見證了成長。玟君的直率和熱情，讓我印象深刻之外，課程結業之後的同學聚會她也都會參加。當時我就心想，這個積極的小女子，將來一定很有成就。

我算是見證了玟君從少女到熟女，從基層到高階。幫她的新書背書，應該是有說服力的。

率先地拿到她給我的書稿，讓我重新認識了她，她善良、霸氣，幾乎是執其兩端的人格特質，耐心與前進的人際互動方式，多數人對她都會有很直接的好感度，這也是她為什麼如此成功的原因。

玟君跟我說，她一直很想傳承自己的行銷經驗，希望藉由自己的經驗可以幫助人，更希望將自身的經歷化為正面影響力去激勵大家。

因為她這樣的動機，讓這本書的產生，變得非常珍貴！相信因為這本書的誕生，讓很多認識她與不認識她的人，更了解她。她從洗髮妹開始做起，做到現在，成為大誠保經的總監，這是一段多麼難能可貴的經歷。現在這些經歷，透過文字活靈活現的展現在你的面前。

一個成功的人，背後總有別人看不見的努力，我喜歡看別人失敗的經驗，拼搏的經驗，在這本書裡面都有。你為你的人生定錨了嗎？你在何時為你的人生定錨的呢？不管你是從事業務行銷工作，或是你經營自己的事業，或者是你在為你的人生找尋某些答案，相信這本書會給你一些不同的靈感。

——打造自己傳奇故事的女漢子——

侯文成　友邦人壽總經理

我私下都用「妹子」來稱呼玟君。當收到玟君妹子要出書的消息，且邀請我為她的書寫序，對於她再次創造新的傳奇里程碑，真心替她感到開心。

玟君在其理應無憂無慮的青春華年時，因家中經濟的緣故，隨著母親北漂到台北工作，面對生命中相繼出現的酸甜苦樂，她不怨天尤人，反而樂觀想辦法翻轉命運加諸在她身上的挑戰。玟君在書中形容自己：

「改變的速度以及執行力是我的強項，所以我並不害怕人生要轉彎」，這是多麼不容易的一件事，許多人面對無法預知的「轉彎後的風景」常會躊躇不前，但玟君透過自律與紀律，勇闖人生的彎道，且無論每次的轉彎有多困難，玟君總能永保初心，雖然她大剌剌的個性宛如女漢子一般，但在面對客戶、同事或後輩的請求，她不僅能成人之美，更有容人之德。

認識玟君多年，我常在她身上看到很多成功者的特質，無論是從事美髮業或保險業，玟君都認真的對待她的工作且設法成為該領域的佼佼者；而當她成為超級業務員且擁有賺大錢的能力後，她更投入公益，成為許多弱勢兒童的 Angel（天使，玟君的英文名字）。這麼多年下來，玟君仍保有其單純善良的個性，後進的成就比起她自己簽到大單更能讓她開心老半天。

誠如玟君在書中所說：「你能得到什麼取決於你有多想要」，人活著，就是要擁有美好的人生，但是美好的人生，不會從天上掉下來。此書紀錄了玟君保險生涯中所經歷與感受的點滴，竭誠希望各位一讀，同時也希望閱讀本書的朋友，能發自內心燃起明天還要更努力的動力。你的腦袋要改變，你的口袋及未來才可能變得更好。

推薦序

女兒很自強

凱蔚國際股份有限公司 林建德 總經理（老爸）

全世界的老爸都一樣，只要女兒好什麼都好，當一個老爸最驕傲的事，莫過於看到自己女兒出落成一朵嬌豔的花，我的女兒很特別，如果要用花來形容玟君，那大概就是「鋼鐵玫瑰」吧！她一直用堅韌與勇敢面對這世界所有的挑戰，永遠帶著一顆體貼與善良的心，用最漂亮的姿態回應這個世界的風霜。

認識玟君的時候她還相當年經，一聲「老爸！」就拉起了我們之間的父女情誼。她一直都很努力不管經歷什麼樣的風雨，都拼了命地往前奔跑。所以我對這個小丫頭多了一點心疼與不捨，總希望她有一天可以不要再那麼辛苦，能夠當個「好命女」所以我對她的要求也跟對自己的女兒一樣，將我的（美髮）專業理論傾囊相授，而她也從來沒有讓我失望過。

玟君還在美髮院工作的時候，她的行銷能力讓我相當驚艷，別人賣產品是幾瓶幾瓶的賣，她是一箱一箱的賣，她的學習力也讓我折服，更重要的是，她一直以「不貳過」的標準來要求自己。曾經一次，她因為前一晚活動的關係隔天睡過頭，我語重心長地對她說「女兒當自強」自此之後，玟君只有提早時間到沒有剛好。因為我的一句話，她規定自己每天早上七點起床，這樣的孩子怎能不對她讚賞！

她一直是個很惜情重義的孩子。玟君在美髮院時是頂級講師與銷售天后，跨足到保險業之後，更是佼佼者事業有成的她，並沒有忘本常常回來看「老爸」飲水思源始終如一。很高興女兒披荊斬棘一路成長，用自己的雙手創造自己的「好命」。不但經歷了精彩的人生，現在更有很棒的成就，看著女兒一路走過我現在可以驕傲的說：女兒很自強！

推薦序

正能量

嚴守仁　北極星知識工作（股）公司董事長

很榮幸能為玟君的新書寫序，更何況玟君還把我的姓名及引述自「慣領域」游伯龍教授的名言「警覺是智慧的開端」寫在書中，這是寶貴的善緣與「心錨」。

「心錨」是神經語言程式學（NLP）中的術語，是一種積極思維的技術。透過腦神經可塑性，我們可以修身養性以鍛鍊自己成為一位積極、樂觀、充滿正能量的人才。讀者可以在書中玟君的生命故事裡，看到玟君如何從一個洗頭妹逐漸成為美髮事業中受人尊重的大姊大，後來更成功轉型，成為壽險界的專業大將才，並且持續做公益幫助了更多的生命。

認識玟君以來，她人生最大的改變在於「當責」與「主動學習」。從書中，讀者可以看到玟君在面對自己與家人龐大的債務時，不僅沒有逃避，反而比負責更負責，就是以當責的態度勇敢面對。正是因為有這樣的態度，她經過審慎地評估後，從美髮業轉行，進入最適合自己能力與個性的保險業，開啟了自己逆轉勝的人生。

認識玟君的朋友們都知道，玟君總是散發出主動學習的熱情，而且非常喜歡閱讀，主動地吸收新知，甚至負債也要學習。玟君就是在「禪之藝」報了我的許多課程並參加了我的公益講座，透過交流，玟君讓我感受到她對學習的熱情不是湊熱鬧的淺層學習，而是非常用心的深度學習，也正是如此的好學，讓玟君能夠不斷突破不斷成長，很高興在人生中有玟君這樣的學習夥伴。

如果您想要知道如何能夠以身作則、自助助人、發揮正向影響力，書名的副標題「姐就是答案」說明了一切，請您細細品味玟君的生命故事，您就知道答案了！

自序

我是用生命寫故事的人，一字一句都是人生

我曾以為人定勝天，但人真的很渺小，我感謝老天給我生命中的禮物，感謝人生中所遇到的貴人，包括威廉的二哥、凱蔚的老爸、大誠王董、董娘、莊副總、三商蔡錦城副總、我的家人、閨蜜以及好友、同事和客戶等，所有我生命中出現的善緣與善待，都讓我更有力量能面對困頓，堅定往前。藉由出書的機會，對大家表達謝意，因為沒有你們就沒有今天的我，何其有幸能在彼此的生命裡，也感謝願意改變的自己，那個單純的自己。

在大家的眼裡，我是個直來直往率真坦承的女生，遇到問題處理事

情沒有太多的糾結，只懂得一路往前走，現在回顧起自己的人生經歷，談得上是血淚斑斑，所有大家現在所看到的故事，都曾經是我的事故，但踏過荊棘便是坦途。他們終究成了我生命燦爛的註腳。每一個傷疤都是勳章，每一次努力都是一種成長。人生再難都沒有過不去的關卡，一路上我們難免遇到很多的困境與挑戰，但我相信，當下痛苦不堪的一切只要走過了就是禮物，因為在突破的過程中會讓我們成長、強韌、壯大，人生也因而改變走向更好的方向。

能者不畏多勞，強者不怕困頓，英雄不怕出身低，因為成功靠的是自己！如果你在夜深人靜的時候會感到茫然，認為自己沒有富裕的出身與背景自怨自哀、沒有學歷與光環加持，更沒有光鮮亮麗的工作經歷就註定一輩子平庸？如果你在面對挫折困難的時候會沮喪失志，認為負債太多責任太重就無法追求理想人生過上好生活？如果你覺得無法喘息快要撐不下去，懷疑自己一輩子難道只能這樣？那麼，請看看我，請看看玟君的人生，相信我的故事會帶給你不一樣的答案。出這本書的起心動念很簡單，希望我的生命故事可以帶給很多正在受煎熬或者是很辛苦的人一點力量，能夠充滿信心繼續往前。

如果人生再來一次，我還是會選擇保險作為我「逆轉勝」的工具，從事保險十五年，我深刻地了解到保險工作真的己立立人更可以逆轉人生。保險這一個行業有太多能夠學習的地方，能夠累積值得的養分。我率真、我衝、我拼命學習，我全心行善，我更希望能將這股「傻勁」傳承下去，幫助更多人，陪大家翻轉人生。

玟君可以，相信現在正翻開書的你，也可以！

第一章

——北漂女子的翻轉人生——

因為我們曾有過，理想類似的生活。

太多感受，絕非三言兩語能形容。

可能有時我們顧慮太多，太多決定需要我們去選擇。

擔心會犯錯，難免會受挫。

幸好一路上有你陪我。

伍思凱 分享

—草根落地頑強開花—

那一年，我十九歲。是個還不大熟悉青春是什麼味道的年紀，就北漂到了異鄉。在矇矇懂懂的時候，從純樸的臺南「帶著」想要重新開始人生的媽媽一起上來台北，不得不說，很逞強，母女倆都一樣。

人生的事沒有誰可以說得準，我媽媽在一把年紀的時候才興起了離婚的念頭，更在和我爸爸離異之後，執意要離開住了一輩子的「傷心地」，於是我高中才剛畢業就跟著媽媽上來台北「重啟新生活」。雖然知道要離開家鄉勢必成行，但心裡難免還是會有怨「你們大人做的事，為什麼要我小孩來承擔？」這是我人生這輩子少數有「不好的」念頭的片刻，很快地這個念頭就被我拋諸腦後，因為這是當時媽媽心中最想要的，所以最後我還是跟著媽媽放下一切來到了台北，當起了北漂族。

離開舒適圈並不是每個人都願意，但媽媽的選擇是寧願辛苦也要換一個不一樣的人生。那時候母女倆身邊沒有什麼積蓄，媽媽很快的在求職報上幫自己找到餐廳洗碗的工作，對於一個中年失業又失婚的婦女來說，她真的很自我、很自律也很逞強，她認為既然決定要到台北生活，就要想辦法把自己照顧好，不要造成別人的困擾。我還記得那間餐廳地址在承德路，但我跟媽媽兩個人都不認得路，天氣很熱，餐廳又不知道在哪裡，都快走到高速公路橋下了，還沒看到餐廳招牌，一頓折騰下來，累得要死又覺得熱得要命，索性找了一間泡沫紅茶店休息後就沒有再繼續往前找，當然，媽媽也就失去了那次的面試機會。

我一直覺得，老天爺關了一扇門，一定會幫我們開啟一扇窗。當時我心想，這間餐廳這麼難找到，那就表示老天爺不讓我媽做這個工作，但是我又不能一直跟著媽媽住在阿姨家寄人籬下，所以，打開報紙開始研究有什麼適合我的工作。雖然台北是個繁華的都市遍地是機會，但是多機會多競爭也就表示伴隨著一定程度的壓迫感，在台北人生地不熟，連找份工作都覺得四顧茫然。我盯著報紙五花八門的求職徵人廣告，想著我就只有高中畢業的學歷，究竟可以做什麼？

洗頭吧！那是我最熟悉也是我想到唯一能做的。媽媽以前是做頭髮的，家裡開了一間美髮院，從小到大我就只會洗頭這個工作，所以，我當下決定去美髮院工作。在我印象裡，只要提到台北大家都會跟我說台北是個大染缸，我很怕自己會變壞，左思右想，認為東區應該比較高檔，所以我選了東區的美髮院面試，當時的想法很單純，就因為覺得這個地區看起來比較「高級」，應該不會是個太亂七八糟的地方，於是決定了在東區落腳也順利地找到了工作，我還很開心地回家跟媽媽說：我找到了一個有供住宿的工作，是不是很棒？找到想做的工作的確振奮人心，但是我並沒有興奮太久，因為當時住在美髮院的宿舍中，我跟媽媽分隔兩地，下了班我就走回復興南路的宿舍，當時宿舍旁邊還有鐵軌經過，因為住進去的時候跟大家根本不熟，我很像小媳婦安安靜靜也不跟人家搭話，每天回宿舍不是休息就是窩著寫《心經》。宿舍的同事，只要休假的時候大多會回家或跟朋友出去玩，輪我休假的時候，我就坐在聖瑪莉花五十元喝一杯「無限續杯」的咖啡過一天，睡覺起來就坐在那邊寫信給同學，有時候一天下來可以喝到二、三十杯的咖啡。

洗頭很辛苦，但我都會笑著跟同事打鬧過一天。我的個性帶有南部鄉下人的草根味，很真誠、很直爽、也很悍，一開始不熟我是個標準悶葫蘆，但是大家相處久了，比較熟了本性就會一點一點流露出來，這時候心裡就覺得比較好一點，日子也沒有過得那麼ㄍㄧㄥ。初期只有在每天打電話的時候，常常是說著說著就哭了，媽媽住在景美，而我住在宿舍，那時候我每天下班都會用公用電話打電話回家跟媽媽說話，一半是擔心她，一半也是不讓她擔心。但畢竟是跟自己的家人說話，有很多委屈都會很直接地跑出來，往往電話接通的霎那，就是我最軟弱的時刻，而這種感覺很折磨。

我記得很清楚，因為心裡太難過了，所以我還問媽媽：我可不可以不要再打電話了，我平安就好了，好嗎？媽媽也不知道要怎麼安慰我，就只會千篇一律地告訴我「妳丟愛忍耐」我記得有一天，美髮院晚上要教助理技術，那時候不知道為什麼好想回家，我就說了我要回家，就走出門搭公車，但是我不知道要去哪裡搭公車，我照著模糊的記憶判斷怎麼知道就走錯方向，走了好遠好遠走到了福華飯店前，我不想再走了，兩腳發酸直接蹲在路邊盯著車來人往的馬路，風吹來還帶著一點燠熱跟車子的廢棄味，我的手因為洗頭而裂開隱隱作痛，正好旁邊有個電話亭，我起身投了銅板撥通電話之後的第一句就是「媽，我第一次這麼想妳」我想媽媽，但也有點不太想回家，隔著電話亭的玻璃，我甚至可以在我自己的倒影裡面讀到媽媽心疼的表情。我知道媽媽看到我的手會心疼。但她也只能壓下難過與不捨的要我忍耐，而我，也只有一句「我知道」。

肉圓跟唱歌的力量

我這輩子從來沒有領過小費，所以我第一次領到客人給的二十塊小費好開心，還記得我在忠孝 SOGO 百貨大門旁的電話亭打電話給媽媽，興奮到連聲音都高亢了起來，說我領到小費，媽媽聽了比我還高興「那詼佳嗽！（怎麼這麼厲害）」殊不知台北人其實很習慣給小費，我還以為自己真的表現很好，但這一次，也讓我被激勵到覺得受到了肯定更有了信心，我告訴自己「陳玟君，加油！妳可以的！」到現在都還記得我領到小費的那一天，打從心底升起來的喜悅感，生活裡的辛苦大家都嚐過。人有的時候需要的就是那一點點微薄的力量，推著自己再往前一步，因為再多的辛苦在被肯定的面前都會煙消雲散，我每天還是打電話跟媽媽說話報平安，每次打電話心中還是莫名的悲傷哭了起來，哭完之後掛掉電話眼淚擦乾再繼續洗頭。

洗頭的日子就是一種不斷重複的輪迴，如果沒有辦法跳開，就會過著坐雲霄飛車的日子，有洗不完的頭真的很累，但是，要是沒有頭可以洗的話會窮死。當洗頭妹的日子過得很簡單，除了洗頭還是洗頭，都不用花時間思考，很快地一個月就過去了。我發現我第一個月領到薪水的時候，只有那薄薄幾張紙，數一數總共有六千塊。這能幹嘛！更何況我薪水袋當時就是要原封不動交給媽媽，但是我還是想要吃肉圓跟唱歌啊！我能怎麼辦？沒有其他方法就是要多做銷售了，我很了解我自己，對於髮型設計這件事我沒有那種過度的熱誠，一則我本身就不是那麼喜歡洗頭，二來我從小到大看多了做美髮的人，他們的婚姻大多不太好，可能是因為多數做美髮的人個性比較硬，工作時間長假日又沒休假，也比較固執跟倔強這是在所難免的。

美髮工作很辛苦，一路走來個性得要很強才有辦法撐過，加上工作時間又長，在婚姻上會有狀況也是正常的。但是剛到台北，我不得不做美髮，因為那時候的我只會洗頭，為了要活下去就算興趣不高，也要自己更努力。生存是當時唯一的念頭，但當內心產生矛盾、衝突與過不去的時後，我也必須要有出口，我自認自己比別人好的地方是我會看書去療傷，也會從書中去學習一些行銷的方法與管理的技巧，簡而言之，只要遇到事情我就看書在書裡找答案、找方法。為了活下去逼自己開口去行銷，反正都關在美髮院，時間都綁在那裡，逃也逃不掉，何不好好交個朋友，好好聊一聊？

那時候我愛上了行銷，除了生存之必要，還有一個很簡單的理由，因為我喜歡唱歌跟吃肉圓。當時我替客人洗一個頭才能領到二十塊，但我真的很喜歡吃頂好戲院旁賣的肉圓，那滋味真是吃一口就忘不了。以前都很掙扎，畢竟我賺到的錢要如數給媽媽，但我又很想要吃肉圓，也想要一個月跟同事去唱一次KTV，所以我會一直思考，在學技術的過程中，要怎樣才能提高自己的產能，那時候沒有其他的想法，就覺得應該要行銷。就是一股很單純的想法，覺得開口又不會死，搞不好又有肉圓可以吃，可能是「生意子」的敏感度，我只有一心想著怎麼增加自己的收入，那時候的動力就是肉圓，還有每個月一定要唱一次歌，那是我日夜期待的小確幸，也是驅使我往前的動力。我不是設計師只是個洗髮妹，所以我只能推護髮跟賣商品，我不愛講話，也沒有誰天生喜歡被拒絕，但我那時候就是一股腦很單純地覺得，陳玟君，妳就說啊！開個口說又不會死，搞不好又有肉圓可以吃。大家常說想要成功一定要有一個遠大的夢想，那時候台灣的股票剛要起飛，美髮院的客戶都叫我去買金條存起來，我自問哪來的錢可以買？我當時的願望並不大，現在看起來還有那麼一點微薄的可憐味道，但我每天依然笑臉迎客，努力銷售的最大盼望。想讓馬兒往前衝刺就得在牠面前吊根胡蘿蔔，因為馬兒的眼裡只有胡蘿蔔，而我心裡就只有肉圓跟唱歌。

當責打造信任的基石

那段在美髮院中工作的日子，我比較特別的點是我不會規避責任，有錯我一定扛，我是那時候才發現我很有擔當跟勇氣，而就是這種當責的態度，往往可以化危機為轉機，甚至建立牢固的信任感。還記得有一回我犯了一個「不可能的錯誤」，那時候的我已是美髮院的冷燙手，一個月有百來個客人到店裡燙髮，對我來說，燙髮的步驟駕輕就熟，可是那一天，當我替客人上的第一劑藥水沖水之後，照步驟我還聞了一下藥水就嫺熟地替客人上了第二劑，當拆捲子的時候，我眼睛瞪得很大，客人的眼睛睜得比我還圓。客人的頭髮居然是筆直的。我心想，完了！怎麼會這樣？客人也很訝異，搞不清楚是什麼狀況，明明是要燙頭髮，怎麼折騰了半天頭髮還是直的？雖然心裡很挫，但我馬上問客人「您之後有沒有時間再來，我先送您一個簡易護髮，您可以再來，我替您好好處理。」客戶繃著臉搖了搖頭，「沒時間」那我今天還是先送您一個簡易護髮。客戶不置可否地由著我處理後續，都這樣了，就只能由我了。我再幫客人洗頭洗到一半的時候，對客人說「對不起，雖然我確實有聞，但我還是上錯了藥劑。我這次自己買一模一樣的藥水來幫您燙，您不要因為我個人疏失而對公司印象不好。您之後來，我會爭取再送您一個護髮。」客人笑著跟我說：我本來是有點生氣的，但我覺得妳很不錯，很負責任。這名客人後來有沒有來？有！而且對我很信任，不僅陸續來做美髮還指定要我為她服務。

雖然「當責」這個觀念是從書上學來的，但家教的潛移默化也是牢固我負責任態度的力量。從小母親給我的主控權很大，無論我想要做什麼都可以，但是她會給我一句話：「妳自己想好了，做了決定就不要後悔，不要回來哀哀叫。」所以從小到大，我做的任何決定，不管後果是什麼，我都扛下來，一句都不敢哀。我也很勇於承擔選擇之後的結果，很多人做一行怨一行，我不會，我既然決定做這一行，天塌下來我都得學著自己扛起。我一定要努力到看見成果開花。

剛開始上台北的時候，不知道會不會得罪客人或者被老闆炒魷魚就很戰戰兢兢，不知道怎麼辦我就去翻書，不熟的客戶我就用書上學到的技巧，拿客戶給的名片去記錄特徵以及聯絡內容反覆熟記。可能是家裡開美髮院的關係，從小到大耳濡目染，每次幫客戶洗頭都會問「有哪裡還需要再加強？」因為我多問一句話，讓客戶發現我真的在乎她們。於是二十五位客人當中，同時有十八位人在等我幫她洗頭。我只有一雙手再怎麼有本事有時候還真的「洗不來」，這時我會笑著跟客戶說：今天趕時間，下次補給妳喔！洗頭就是洗頭，客戶當然知道沒有「補給妳」

這種事，但是她們當下聽了就會很開心。有時候覺得在台北像我這種人就像奇葩一樣，可能是本土性太強烈，多數時候我不爽就不爽，不開心就當場翻臉，沒有想要顧及誰的顏面，但她們也知道我是南部上來的小孩，個性直率、真誠。

我所接觸到九成以上的客戶會覺得我很真實不會太在意。後來，為了要行銷我開始練習應對，為了多賺點零用錢，我不斷在練習中成長，當我展現出我的用心與體貼，隨之而來的是客戶的黏著度破表。不知不覺我變成公司裡面的紅牌之後，慢慢的，我才回想起媽媽對我說的那句話「做我們這一行不要當大牌，要當紅牌」的真正意思。我領悟到了，媽媽其實要告訴我的是，做人比做事重要。如果人家不喜歡妳，妳擁有一身好的技術也沒有辦法展現。**要做好行銷，得先讓顧客喜歡妳**。美髮院的過年很忙，只要店門一開就完全不能停下來，東兜西轉像個陀螺一樣，這時候客人會主動過來，拿起麵包就往妳嘴裏塞，開心地看我咬兩口然後繼續忙活，當我幫她們弄頭髮她們就很開心，還會打趣我「妳這花蝴蝶，我今天真幸運遇到妳有空可以幫我弄頭髮，我可以去買彩券了」我知道我的努力被看見了，在客人眼裡，我慢慢從一隻毛毛蟲蛻變成了有魔法金粉美麗的蝴蝶。

—不做大牌，要當紅牌—

我一直記得媽媽的一句話，她說：「做我們這一行妳不要當大牌，妳要當紅牌。」除了個性、勇氣跟毅力，我的外在條件比現階段所有踏進保險業或從事其他行業的人都差。我的學歷只有高中畢業，我的社會歷練的起點，是洗一個頭只能領二十塊錢的小妹。但媽媽的這一句話，我做到了！我服務的美髮院很大，接待客人等候洗頭的椅子就有二十五張，曾經美髮院中坐滿的二十五張椅子裡，同時有十八位客人在等我洗頭，而這個紀錄到現在還沒有人破過。

我還記得老闆看著一整排的客人訝異的問我「妳洗頭的技術很好嗎？」

我一頭霧水地說：沒有啊！

論洗頭，我真的不是洗得最好的那一個。論同時等我洗頭的客人數，還真的是無人能出其右。我曾經仔細思考為什麼二十幾張椅子坐著的客人裡，有十八位客人正等著我？我後來得到的答案是，因為她們感受到了我的用心。我在美髮美髮院講課分享都會提到這件事。當新人剛到一家店服務的時候，都會擔心客戶的感受不好，常常掛在嘴邊的就是「您覺得還有什麼地方需要加強的？」但是，往往待久了就會忘了要問。有一次，我也是問了客戶同樣的一句話，這名客戶笑了笑突然抬頭問我「妳做多久了？」我回答她：半年，她說：不簡單！妳做半年了還會問這句。我才意識到，有沒有問這一句話，對客戶來說的感受差異這麼大。我發現不管我做了多久的時間，我會一直始終如一的顧及客戶的感受，就是這一句萬年不變的「您覺得還有什麼地方需要加強的？」就讓二十幾張椅子上有十八位客戶心甘情願的等我洗頭。

除了體貼客人的感受，會讓我成為紅牌的另一個原因就是我很真誠，我把每位進門的客戶當成朋友。雖然我不會撒嬌也不會講好聽的話，有時候遇到客人想買不適合自己的產品，我還會勸她們「這妳不要買啦！我覺得不適合何必花這個錢，還不如拿來請我吃好吃的！」客人有時候也會半開玩笑跟我的店長說：妳怎麼會請她？還兇客人！客人要買東西還叫她不要買！」我們店長攤攤手說：啊！某發抖啊！（沒辦法啊！）她這樣，妳也是要她幫妳做頭髮，我能怎麼辦？她們知道我很真，所以也不會說什麼。真誠是我的金字招牌，而我一直保有這樣的初心。

雖然我很直率，但某方面的細心與觀察力，也是我成為「紅牌」讓顧客疼惜的原因。我記得有一位客人，是個名作詞家，叫做娃娃，當她第一次來店裡的時候，同事倒了一杯咖啡給她，她笑著說謝謝，但是卻從頭到尾都沒有動過這杯咖啡。我問她：是不是咖啡不合口味？她笑著跟我說：咖啡很好，妳們的服務也很好，但是我不習慣喝煮太久的咖啡。從此之後，我便記得她的習慣，不喝放太久的咖啡也不加糖跟牛奶。我只要看到她一來，我端給她的咖啡一定是現煮的，我會特別去記得客戶朋友的喜好與習慣，也會給予傾聽與關心，這讓很多客戶後來變成我一輩子的好朋友甚至情義相挺。

當然，每天來來去去的客人這麼多，我又不是記憶超強的人，要我把每位客人的細節記在腦海，誠實說，我做不到。我常說我不聰明，但是，我會用方法，我在書上看到可以用名片做紀錄，我就把每個顧客的小細節都用名片記錄起來。有一位客戶第一次來的時候，介紹自己是貿易公司的老闆很常飛歐洲，妳學美髮多久？「三個月」她看我是沒有架子的新人，就跟我講許多事業上的事情，說她要去法國玩，我笑著祝她一路順風，收下名片後，我將她的職稱跟工作寫下來，還備註了她去法國玩的這件事情。把名片放進櫃子裡之後就忘了這件事。後來有一天，她來找我幫她洗頭，我看著這位進門就很熱情的跟我揮手的大姊，覺得眼熟但怎麼也想不起來她是誰，於是趕快去翻了翻名片立馬就連接起來，我開心地跟她說：蘇姐，您來了，法國好不好玩？她很開心的跟我聊著，離開前送了我一個紫色的香燭，還問我什麼時候出師她要幫我開美髮院。

對我來說，到台北生活等於是連根拔起，切斷以前的生活圈鏈結，所以我在台北沒有朋友，我就把客人當成朋友，久而久之，很多跟我Key（調性）很合的客戶，最後都變成很好的朋友。她們來洗頭久了就知道彼此的個性，我是南部來的小孩她們也知道。她們知道我一個人在台北一定很寂寞，所以有活動都會特別約我，我很感動的是，她們在我生日的時候在錢櫃包場為我慶生，甚至全家老小都到場，最後還幫我付錢到半夜一點，她先走了讓我慢慢唱。還有一位客人，不管我怎麼洗頭我都會洗到她，跟我長得又很像，雖然她的年紀比我小，但是很照顧我不僅帶我吃喝玩樂，也很關心我的生活起居，對我來說，就像是一個大姊姊般的存在。緣分很奇妙，後來她成為我媽媽的乾女兒，我們真的就像是家人一樣，我很感恩一路有她的陪伴，一直以來在人與人交往方面，我並不會希望在別人身上得到什麼好處，我覺得就是交個朋友就好，但回顧人生的過程中，也許真是應驗那句「天公疼憨人」我一直都是無所求而有所得，不僅讓我交到了一輩子的好朋友也得到了很多的貴人。

第二章 ─ 從洗頭妹到講師 ─

要放下「別人應該改變」的這種想法，

真的不容易。

但唯有我們願意對問題負起百分之百的責任，

療癒才會真的發生。

《零極限》

以一當百的大將

每次上課分享時，我的投影片上一定都會有一句話，那就是：「你為何而戰？」這句話問別人的同時，更提醒自己。

現代人對「能者多勞」會覺得不爽，不平衡，或者覺得那又不是我的事業為什麼要那麼拼命？但我的想法很簡單，我不用出錢就可以當老闆，我沒有壓力等到我有錢，我就可以不用從頭摸索有什麼不好？

我的個性比較像男生，比較「兄弟」一點，我非常重承諾。因為出道的早，所以現在美髮界的大佬們都認識我，像是小林、日式威廉⋯等知名大店的負責人都是看我長大的。有時候他們會問我「歐巴桑，妳在幹嘛？」知道我需要業績就會相挺，歲末會有促銷活動，他們會問我欠多少業績，也不囉唆兩百組一句話就吃下來。這些「互相」都不是一朝一夕可以輕易建立的。我對所有的朋友也是「做口碑的」要讓朋友相挺，我就要讓他們可以信任，要讓老闆信服就要幫他創造業績，不然就算多會講，那都是屁。當老闆不認識你時只看數字，當時我做美髮講師時，在日式威廉打的第一仗就是與夥伴們一起創造佳績。

我曾經對日式威廉的二哥承諾過，「如果我沒有繼續待在美髮廠商做銷售講師我會先去幫你。」所以，不管有多少邀請，我都把承諾擺在最先。我和日式威廉三兄弟是可以談心、投緣、相挺的朋友。他們三兄弟分別負責不同的部門，我那時候去威廉負責A事業部門當教育部主管。我的老闆長得很像鄧光榮，我跟他兩個人走出去就像是討債二人組一樣，我抽煙、他嚼檳榔，我們不講話都沒人敢理我們。還記得我第一天正式走馬上任的時候，他人在中國就問了一句「歐巴桑，阿力五要緊某？（沒事吧？）」我回他：你沒有看到我的背後都是箭嗎？教育並不好做但他覺得我剛正不阿，明白我不會因為任何的挑戰就輕易妥協，所以我接管教育部想要改變甚麼，他會尊重我、信任我，不會多過問。坦白講，連鎖店的教育是命脈。我很清楚老闆要的，跟我所應該要扮演的角色「黑臉」也因為我在美髮院做過現場，經驗比較豐富氣場也夠，所以還行比較能以讓人信服。

冰天雪地的戰鬥澡

那一年冬天，老闆一通電話就讓我隻身飛到北京。那時，公司安排我住在擔任一所學校的校長的家裡，但是我又不能跟人家說我是外來的，老闆顧慮我的安全，叮囑我不能跟店裡人說自己住哪裡。我又不能半夜去敲門串門子，也不敢睡太沈，就連坐計程車也不敢多說一句話，想想，我是每個月一定要吃個肉圓跟唱歌的人，到那裡，我也不能約人去唱歌，因為老闆交代我，在中國大陸想要保護自己就是不能跟人太熟，坦白說，我每天膽戰心驚過日子壓力極大。

我記得，就在那一次發生了一件讓我一輩子難忘的事，當初飛到北京，老闆花了一天的時間跟我交接，就瀟灑地飛回台灣了。我開始接手整頓、帶店、訂業績、教育培訓等事項。有一天回去洗澡才發現煤氣卡被老闆不小心「順便」帶回台灣了，我沒有辦法儲值也沒辦法討救兵。用「欲哭無淚」四個字還沒有辦法描述我當時的心情，在天寒地凍的北京，氣溫只有零度沒有熱水洗澡簡直就是一種慘絕人寰的酷刑。沒辦法，我忙了一天又髒又累澡還是得洗，說真的，任我再有膽我也不敢去敲別人家的門，只能腦力激盪。面對那種叫天天不應，叫地地不靈的情況，能想到的所有方法都是好方法。我記得人家說洗完澡喝點高粱，全身會熱呼呼的，把暖氣先插好，再把高粱酒準備好，一副慷慨赴義的態勢，我去洗澡前還鼓起勇氣含一口冰水，硬著頭皮走進浴室，把水龍頭一開水一沖下去，整個熱氣從身上冒起來，高粱也省了，那一刻，我完全體會到了男生當兵洗冷水澡是什麼心情。我再怎麼像男生，我終究還是個三十出頭的小女生，這種刻骨銘心的經驗，真的是一次就夠了。

那段時間，我在日式威廉辦教育、到台南展店、到北京帶店、帶師資到韓國交流，在一年內大概做了人家三年多才能做到的事情。拼不拼？很拼！要把組織帶起來並不容易，美髮院的人都很有想法，不是那麼好駕馭，因為做過現場，我清楚要讓設計師們信服只有「以身作則」而我，我要求別人做到的事我一定做到。我那時候很嚴格，只要確定下來的課程，一定要求大家排除萬難來上課。我的個性是有什麼樣的事情，我一定會提前說，但是不要給我找藉口這些我不聽。不管多大牌的設計師，我都堅持必需要到場上課。我不管，因為我提前一個月跟你說了，你是可以排開的。」也就是因為說了一句「天子犯法與庶民同罪」我也差點把自己搞死了，有一陣子我必須過著當天就得往返台北與台南的日子，只因為隔天要上課。我要求別人自己更要遵守。即便離開日式威廉，到現在我還是堅持要「以身作則」我認為想不想做或要不要做，就是一個心念之間而已。既然有時間上洗手間、打電動、滑手機，別找理由說沒時間學習跟做事。想要成功，心法很重要，心對了，什麼都對了，心不對，教再多技能都沒有用處。這種日子累不累？超累啊！我也可以抱怨，但是，我不會這麼想，這些都是經驗，而我們都會因此而成長。

我一定讓你很清楚底線在哪裡

我家老闆初期很喜歡用飯局來了解一個人，他認為吃飯、喝酒最能看出一個人的人品與本性。坦白說，我強硬起來的時候，還真的是無人拉的住。那時的我也還沒有正式到職，也許老闆也是暗中觀察我，所以拉著我一起去唱歌喝酒。在歡樂的場合往往就會出現掃興的人，總會板著臉要我們認真唱，他覺得大家不認真唱或唱歌沒有投入情感，就會直接切歌。這位愛 CUT 歌的主管向我敬酒，因為我不認識對方，基於禮貌我拿起杯子沾了小口回應，他生氣的要我直接乾了這一杯，我會圓場的說：意思一下就好，對方不滿意，還是堅持要我乾了杯中的酒。我不客氣的回了他「你當我坐檯的小姐嗎？我拿起酒杯回應你已經是給了你面子，我今天是以朋友身份來的，請你要搞清楚！」一話說完我轉身就走，我的老闆立馬叫住我。我的原則線踩得很準，今天是什麼樣的身份參加餐會，就扮演什麼樣的角色清清楚楚的。在我的立場上，出席並不是為了要對方跟我叫貨才來委屈求全的，我肯拿起酒杯已經很給面子了，所以我坦蕩蕩地一點也不屈就。老闆因此認定我是一個有底線且不會對強權屈服的人。

——美髮院的SPY——

我的客戶有一大部分都是美髮院的人，曾經有一個大姐跟我說：陳玟君，妳取之於美髮院要回饋於美髮院。

我豪氣地說：我知道！

美髮院的人都普遍比較不愛閱讀，我因為愛面子就會從看書找答案和療癒，算算應該是美容業界的異類，我出去學東西，把知識學回來內化之後，再跟他們分享。所以他們常笑稱我是「美髮界被派出去學習的SPY」。

美髮院做現場，而廠商比較像是直接賣商品的。銷售的對象是美髮院裏的美髮師。在美髮院現場我銷售商品給客人，別人賣商品是一瓶一瓶賣，我是一箱一箱的銷售，銷售成績很好引起廠商的注意，他們特地前來了解，發現我銷售商品很有兩把刷子，廠商老闆問我要不要考慮做講師，他們可以訓練我為我授課。就這樣我從洗頭妹變成了講師。能夠在各個場合都能侃侃而談，可以說是一路被提拔訓練出來的。不管我們行銷的商品是美髮品、保險或任何其他產品，我們要先有「同理心」。

如果我們問客戶「我們有一個商品很好，你要不要參考？」或是「我們現在的東西有折扣，你要不要參考？」這樣的問法就只會得到 YES 或 NO 兩種答案，不會有其他。而要如何做好「行銷」要先想到的不是把好的產品推薦給客戶，而要想的是客戶真的需要嗎？

我們要如何站在客戶的立場，告訴他這個商品是他所需要的。如果是我不會開門見山就推產品。我會問「李老闆最近業績有沒有好一點？」不管他說好或不好，我們可以繼續往下接，現在疫情的發生，很多消費者的行為改變了，防疫期間大家回去洗頭的頻率也變高了，我們有為 VIP 推一套『重返榮耀』的活動，可以協助消費者去挑選他們所需要的產品，如果他們只是去開架式隨便選購產品，產品使用後不適合，不管多少金額都是浪費，我們可以協助她們做出經濟實惠且對頭髮好的選擇，這樣有兩個好處，第一我們可以讓客戶感受到，我們並不是只賣商品，而是站在她們的立場幫她們挑選合適她們的商品。第二是在培養客人的忠誠度，如果客人因為我們的指導，會自己造型自己的頭髮，就會更加信任我們，也就會成為我們店的主顧客了。」當我們的出發點是用同理心站在對方的角度為她們著想客戶自然買單，不管客戶是一般的用戶或者是美髮院都一樣。

很多人問我，妳為什麼行銷那麼好？妳怎麼知道要如何經營客戶？或者會問，妳怎麼知道客戶在想什麼？別只說我不懂行銷，那你懂人性嗎？行銷不是一定要懂方法，行銷是你要懂人性。這並不是說我們要去算計客戶，而是要懂客戶在想什麼，要站在他的立場去思考，明白他在害怕什麼以及他需要什麼。同樣地，專業不是你懂很多。專業是你透過學習內化後，設身處地站在對方的立場去感受，比如這位客戶是一位媽媽，那她會擔心什麼或害怕什麼？而我又有什麼可以幫助她的？或者我還可以補充什麼？這就是專業。

我發現當時成功是因為我夠堅持：為了品牌或定位我會堅持。簡單來說，對於對的事情我堅持。如果今天講師只有我，靠我自己講課就好。可是我知道這沒有意義，我有我的使命，教育的命脈我要傳承下去，我手把手教，開課讓大家上，我負責盯場或者是輔助全場。一次開主管會議，有主管反應對新的講師並不滿意，評論講師課程內容不夠好。我會說：你要不要自己試試？我上過幾千場課，也是這樣走過來的，需要我的時候我會上台。誰不是一開始是嫩手、生手變熟手、老手？多給機會才能夠成長，生來都不是天生高手一步一步走過來的，沒有開始不會有接下來的成長。我們要能夠學習成長，帶著其他人一起共好、一起強壯。專業才能讓行銷立於不敗之地。

從一個紅牌洗頭妹變身商品推銷一姊，一路上，沒有讓自己成為大牌而成了紅牌。被國際美髮公司挖角，但我不想一直做商業推銷，我想懂更多更專業。在美髮院上班有機會我便「自費學習」廠商的教育課程，自掏腰包捨棄休假跑去上課，第一次因講師說得太理論，不知不覺就睡著了，課堂上寫的筆記連我自己都看不懂，只有「二硫化鍵」四個字是勉強可以認得出來的，但那是什麼我完全不懂，心想這樣不行，我怎麼花錢又損失休假，上了課卻什麼知識、收穫都沒有得到，又再去上一次一樣的課程，這次我懂了「二硫化鍵」原來是一種蛋白質鏈結，（燙頭髮就是改變二硫化鍵的排列）。當冷燙手的時候，有客人要燙髮，我們一定會先詢問客人「妳要燙多少錢？二千、三千、四千？」客人通常會選中間價位，這是人性。上過課後的我會跟客人說：「我有上課，燙髮是改變二硫化鍵的排列。然後再開始介紹燙髮的選項。」雖然客戶聽了不完全了解，但是這在專業上會加分。客戶很滿意地跟我說：妳說的我聽不懂，但是感覺妳比別人專業。甚至有客人不問價錢，放心地讓我幫她燙髮，這就是讓專業定價的體現。

我想我這「美髮院派出去學習的SPY」大概是榮譽終身職，現在不管美髮或美髮院廠商，都會不定期讓我回公司分享昔日所學與近日心得，就連董事長的兒子娶媳婦也沒忘記我，很感恩大家都疼惜我把我放心上。現在有空我還是會回美髮院教她們如何銷售商品、如何開發以及如何開口邀約客戶剪燙染。行銷，對美髮業來說就是開發新業績，瞭解客戶的需求點，以及展現專業的時候。要讓客戶的需求與我們的專業走在價格前面，當我們以客戶的需求為先再以專業為支柱，客戶點頭認同了我們的專業，就不會開口就問，「可不可以打折？」而是「妳說好就是最好的我相信妳的專業。」

你給我坐好

專業的養成不容易所以值得尊重。以前當洗頭小妹的時候，如果遇到對我們不尊重專業的客人，態度頤指氣使，不是這裡有意見就是那裡不滿意，甚至連吹頭髮都要指點我是不會照著做的。來美髮院什麼樣的客人都有，有一次店裡來了一個俗稱「奧客」的客人，每個助理妹妹都被她罵哭，她指點我吹頭髮的時候，我就把吹風機遞給她要她自己吹，說到「妳也尊重一下專業，畢竟我也比妳學得更久。」自那之後，她的頭髮就只給我負責。對專業的尊重是我的態度與堅持。有一天，碰巧輪到我幫這個把每個妹妹都惹哭的奧客洗頭，在沖水的時候，她不知道嘴裡在嘟噥些什麼，要我用毛巾幫她熱敷，起身後就把毛巾一把丟給了我，我二話不說立馬丟回去給她，她愣住了，我坦蕩蕩地看著她說：這是額外的服務，妳應該要跟我說謝謝的，不是把毛巾丟回來給我。這位奧客可能是第一次遇到被洗頭小妹這樣對待，吶吶地跟我說謝謝，之後每次來都指定我幫她洗頭態度也放軟了。不是每個客人都懂得尊重專業，有些客人也是需要被教育的。對我來說，專業就是專業，不管是什麼身份別都應該要尊重。我會直白告訴「澳洲來的客戶」，「我又沒有賺妳多少錢，我需要這麼委屈？為什麼要賺這種辛苦錢？」洗頭妹也好、講師也罷、就算是當上主管，只要我們用心服務顧客認真工作，我們的專業都值得被尊重。

在我那個年代的髮型設計師，常常會有種藝術家的性格「很跩」越有名氣的越是眼睛長在頭頂上，看人都用鼻孔看，尤其是來自早期香港的設計師特別高傲。他們會認為我是廠商，肯排課給我是給足我面子，被老闆要求留下來聽課，來了之後愛聽不聽的態度傲慢，我真的受不了了，直接問對方「你要不要上來講？」第一次被講師嗆，他愣了一下反應不過來，我說：能夠在台上講的，怎樣都比你強，你要嘛就聽，要嘛就上來講。我是廠商不是你店裡的員工。魚幫水，水幫魚的道理你應該懂。要搞清楚，我今天來是來協助你們提升業績的。現在我給你們五分鐘要離席的可以離席，老闆那一關我來幫你扛。當下，每個人都坐的穩穩的沒有人敢移動半分。

尊重專業也是尊重自己的表現，這是我覺得很重要的事。如果對方不懂尊重兩個字怎麼寫，我會很清楚明白地讓他了解。這一點，從我當洗頭小妹，當講師到從事保險業都依然不變。有一次到大陸講課，也遇到類似的情況。說真的，台灣人真的很「古意」（忠厚老實），遇到事情都會先選擇以和為貴，連碰到踢館的，都有問必答。我的個性其實很適合中國大陸，因為我也很悍，那一次演講的會場很大，台下擠滿了人，有很多都是穿著名貴套裝的同業挨個坐著。我一上台，當然就先自我介紹，並且禮貌地問候大家，有沒有什麼想要交流的都可以提問。前排有一位女生下巴抬得高高地將手舉了起來，一字一字地問「請問老師，妳年收入多少？」我當下就很不悅但我忍住了，笑笑地看著她，她還是很不客氣地拔高嗓子問「多少啊？」我停了幾秒，對她說：妳坐穩了，手要不要扶著把手？坐穩點啊！準備好了要聽了嗎？」對方挪了一下身子坐直身，等著我接下來要說出什麼驚世數字，其他的人也拉高了耳朵，想知道我的「身價」有多麼嚇人。

我看著她，然後不客氣地說了一句「干妳屁事！」

那位小姐當場呆住，全部的人整個傻眼，張大嘴看著我。

我告訴眼前這名一點也不禮貌、不謙虛的聽眾「妳聽好了！第一，我賺多少關妳什麼事？就算我賺得多，那也是我賺啊！我有本事，妳有本事嗎？妳問這問題的出發點就不對了，我賺多少錢也不是妳的，對吧？我們應該是要來交流怎樣讓賺到的三百萬變成妳的。第二，我們被邀請是大家互相交流，大家把經驗值分享，也許能改變妳一輩子，讓一個家庭變的更好，保險是手把手傳承，不是要來看妳賺多少我賺多少的。」尊重，要從虛心接受專業開始。一個人的價值不是靠賺多少錢來論定的。

—創造讓自己被看見的價值—

一個老闆為什麼會放心讓你去做，因為你幫他賺到錢，他就會信你。

如果我當初沒有因為上一堂護髮課而在業績上創下紀錄，日式威廉也不會看到我。很多人會跟我說：陳玟君，妳真的很會賣！怎麼做到的？」對於十九歲開始就不斷磨練的行銷經驗，在行銷的技巧上，我一再建議一定要先站在對方的立場去思考。

以前我想推產品的時候，會爭取美髮院讓我上一堂課，我會負責將對方的員工教到會，上過課之後，他們會知道怎麼運用產品，在現場可以做到什麼樣的效果。我的價值遠超過僅是很會賣產品給美髮院而已。在教會他們使用產品的同時，我也會跟他們分享，如果消費者拒絕，要怎麼樣「下車」的方法：很多消費者不買產品不是因為產品不好，而是預算不夠，這時候我會告訴消費者，沒有關係，但是依照我的專業，我會告訴你你現在髮質的狀況，倘若下個月你有一點預算，那我們必須要先做哪一塊，那你可以先把預算預留下來。」這樣，我們被客戶拒絕也不會沒面子，客戶不買產品也有台階下。很多銷售或保險，最大的挫折來自「被拒絕」。其實，不管我們是做任何跟行銷有關的行業，只要出現在朋友面前，誰不知道你想要銷售？雖然誰都不想被拒絕，但如何行銷讓別人覺得「舒服」，就是很重要的一件事了。何況，我之所以建議那樣對客戶說，不只是大家能夠下車順利，氣氛和和氣氣而已，在我來看，這就像種一棵種子在客戶的腦海裡，等待日後發芽，只要客戶聽進去了，一有預算，就會把我們的話放在心裡考量，那就是最棒的行銷。

再回到創造價值，美髮院剪一顆頭收費可以是一百元，也有設計師剪一個頭要兩萬塊，就跟保險一樣，有的人只賣人壽險，有的人則可以做稅務規劃，每個人都是自己的品牌，都有自己的價值。就像男生要開車，它有很多選擇，裕隆可以開，TOYOTA可以開，為什麼要買賓士跟BMW，同樣地，像女生買包包，三百元的包可以背，三千元的包也可以背，為什麼還是有女生嚮往背 LV、香奈兒道理很簡單，這是一種對「價值」的普世認定。我並不鼓吹盲目追求品牌，但有一個有趣的思維大家可以參考：當一個人到夜市買包包，他有一半一上的機率會跟老闆砍價，但是當這個人走進入 LV 店裏，敢跟店員殺價嗎？不敢，因為殺價反而掉了自己的價。品牌的價值定位很重要，另外，我今天有個時尚潮牌，我請不起國際大咖，但我可能會請茄子蛋或玖壹壹代言，小 S 很好，但如果我今天是廚房廚具，我不會請小 S 代言，為什麼？因為品牌價值與個人形象認同是要一致的。一定要記得，我們自己就是品牌，定位很重要。而且要記得不斷去創造與疊加自己的能力，讓品牌定位與形象價值相符。所以，第一個就要先問自己，想要為這個定位付出多少代價？然後努力去做到。

陳玟君三個字就是品牌

很多人會覺得我能達到今天的成就，我應該一路上都很有企圖，有願景跟規劃，按部就班朝自己的目標前進，但其實我並沒有，每天讓我睜開眼努力的核心價值或目標，我只知道，我唯一可以掌控的是自己。我把每一份工作都當作自己的事業。我在當洗頭妹的時候，我就會想，如果這間店是我的，我會怎麼做？我在日式威廉的時候，什麼事也都會自己先想辦法，不會「含扣」，雖然很多老闆都說請我物超所值，一個人可以當三個人用，但是我後來發現付出多少通常就會得到多少，甚至多更多。雖然我表面上是一般業務員，但是我做的卻是經理的事情，可以學到很多經驗。同時，我在公司也可以有更大的存在價值與空間，就像以前在美髮院當助理時，我會主動去替公司安撫同事或者是安排工作，所以，當要炒人的時候，一定炒不到我，雖然不常要求，但是當我有需要提出要求的時候，我就一定可以排到假。老闆請我很超值，我在角色上學到的跟得到的也很超值。

現在很多人對很多事都要求公平，但是，什麼叫做公平？爭取公平之前，要學會去創造被利用的價值。我沒有想到我要賣多少產品給客戶，或者從客戶身上賺到多少錢。我只希望客戶想到什麼都想到我。一次，我美髮院的客戶公司進了太多保鮮膜，一籌莫展的時候，我一通電話就幫她轉成現金搞定狀況。我的開心很簡單，能解決她們的問題，我就很開心。有人想到我，我就很開心。美髮師會很有自信地告訴客戶，「玟君姐一定是自己用過才會介紹給妳。」有很多朋友，尤其男生，會跟我說，「我覺得這輩子妳是最值得信任、最不會背叛我的人。」這種信任，千金不換。我們要想，如何去創造自己的價值，美髮產品又怎樣，保險又如何？我賣的是品牌。陳玟君一直都是陳玟君，對於所有認識我的人來說，陳玟君就是一個品牌，很多人想到我，會覺得我很真實、有GUTS且當責，很值得信任，這是我的品牌獨特性。心直口快、且積極、樂觀、正面、打抱不平的俠女，這就是我的品牌形象。那你呢？

第三章
—從負債到更多的負債—

逆風的方向

更適合飛翔

我不怕千萬人阻擋

只怕自己投降

我和我最後的倔強

握緊雙手絕對不放

五月天。倔強

——債未清，一債又起——

我過去相信，人定勝天，只要我要做，就沒有做不到的事。

現在，我則學會了臣服與接受一切的發生。

或許很多人都看過這樣誇張的漫畫情節：當主角跟老天爺叫囂的時候，老天爺會劈下閃電，而這樣的情節在我的生活中卻真實上演。北漂的日子有苦有樂，我有很多照顧我的後天家人，但多數時候，我過得很辛苦。我以為只要我肯做，我就一定做得到，只要我想要，我就一定可以達成，所以我一直自認是個不認輸的拚命三郎，但我發現生命中的鳥事並沒有因為我的努力而變得更少，我曾經在最辛苦的時候跟老天怒吼

「媽的，祢要嘛不要這樣接著來啊，要嘛一次通通來！」然後，就像漫畫情節活生生上映一樣，在主角對天怒吼之後，一道閃光劈下來，老天爺就一次把所有的災難都降下來了。

我在凱蔚做了十年的美髮講師工作，前前後後加起來，在這段期間總共被倒了五百萬。五百萬在現在可能只能付一間房子的頭期款，但在我那個年代裡，五百萬可是一筆一般人想都不敢想的鉅款。要說這筆錢全數是「被倒」掉的，也不盡然，有一大部分是因為不懂投資又太相信朋友所衍生出來的債務。做美髮講師的時候，剛好是台灣股市大好的年代，所以我也跟著人家集資去購買未上市的股票，不料全數賠光，不僅沒有賺到錢，還賠了一屁股，怎麼辦？只好貸款跟信貸都來，後來還起了會，結果，也被倒會，就這樣滾出了一屁股的債務。當債務堆得比人高的時候，除了工作、努力工作，用力工作，再沒有其他辦法，不管多累都只能咬著牙拼命還債。坦白說，我在那時候已經比一般女生還會賺錢，甚至可以說很會賺，算起來我上班一個月的薪水基本上就有六、七萬，生意好的時候甚至可以多達十幾萬，但是生活加上還債務，一個月要二十幾萬的開銷，我雖然從來沒有懷疑過自己，但是我真的還錢還到快要懷疑人生。我相信，努力一定會有好日子，幾年過去，背在身上的龐大債務壓力好不容易稍微緩解了一點，才剛剛覺得可以鬆口氣，這些年的苦日子總算快要過去了。這時候，碰！就像驚喜包從天而降一樣，天外飛來一筆「橫債」，硬生生地卡進我的人生裡。是的，家人捅簍子了！

我的印象非常深刻，那一次，我媽媽對我說她買了游泳池 SPA 券的套票，想要去泡湯，跟我說是中藥的湯池，泡了對身體很好。於是我心裡想，好吧！帶媽媽去享受一下也不錯。當時我媽媽就泡在中藥池裡，舒服且溫暖的熱氣讓中藥的香味充滿整個空間，她緩緩地睜開眼睛看著我，然後慢慢地開口「我昨天睡不著。」知母莫若女，我一聽她這麼說，就知道「歹擠大條了」（事情不妙了）。因為我媽的個性跟我很像，平常很多事都不會輕易開口跟別人講，但是只要一旦說出來，那就表示事情很嚴重，自己已經沒有辦法處理了「安娜，力共。（怎麼了？妳說吧！）」她開始跟我說發生什麼事，果不其然當她講完之後，換我睡不著了。這件事情的嚴重程度，不只是她沒有辦法處理，我在那個當下也一片空白，當場聽完之後，我也只有說了一句「我知道了！」可是我回來之後嚎啕大哭，知道了又能怎樣，說真的，我不知道到底能怎樣！我的苦日子好不容易快要過去了，怎麼又來了？！老天爺！到底有．完．沒．完！我不想要從北漂女子漢變成人生只有努力還債的鐵娘子，終究，還是得要接受現實，我不得不面對我的日子從很多負債變成更多的負債。

怎麼辦？

在面對人生的困頓過程中，我慢慢才發現，人真的要努力。不管遭遇到什麼，一定要自己先努力，抱怨是沒有用的。雖然有點不甘願，不明白為什麼會這樣，但是我後來轉念後想通，老天爺讓我有還不完的債，祂一定想告訴我什麼！後來我懂了，求生如此，求財也是，我們一直努力跟財神祈禱，認真拜拜，但是想要有錢，不辛苦工作也得誠心誠意去買張樂透吧！想要天助也要先自助。當我臣服於老天的安排，接受了面前的挑戰，我知道一旦我跨過去之後，就是另一番風景。

—改變的勇氣—

我很悍，我知道。但我遇到事情跟每個人一樣，我也會哭，而且還哭得很兇。只是哭完之後，我不是就乾坐空等怨天尤人。哭完之後我都會跟自己對話，問自己「這麼慘，要去死嗎？不敢？好！那就往前吧！」當知道我媽闖的禍有多大條的時候，我打電話跟閨蜜哭訴，爆哭瘋狂大哭，把閨蜜都嚇壞了，她們從來沒有看過我這個樣子，也不知道該怎麼安慰我。哭完後，我把眼淚擦乾，對我媽說，「我來！妳就把自己顧好！」傻嗎！有一點，但我知道如果我不扛起來，我就連家都沒有了。我覺得這一點也是我的長處。我遇到事情都會勇敢面對，當我認定了，這過程不管多苦我都不會唉一聲。

我來就可以了嗎？當然不可以！至少，以那時候我的情況，用我原來的方式，是沒有辦法的，我必須要思考新的作法。面對一債未清，一債又起的無奈，我認真思考過，如果一直做美髮廠商講師的角色，我到底要還多久才能夠還清這些欠款？我個性很像男生，越喝酒越清醒，越在危急的時候越冷靜。我那時候精準算過，如果我要一直照著原先的方式一成不變的還下去，那我可能會還到六十五歲還在還，所以那時候我就下定決心，我一定要改變。

人生是不同選擇造成的。當然，個性也決定了命運。人到走投無路的時候，自然就會想辦法了。不管是洗頭、做美髮還是當講師，我一直都在美髮界打滾，如果我選擇不在美髮業繼續工作，那我可以做什麼？我考慮了很多，那時候只有三條路可以走：

第一、直銷

第二、法拍屋

第三、保險

我通盤考量過，直銷跟我的個性實在不合，而法拍屋方面，雖然閨蜜的老公相當給力，願意出兩棟房子的錢挺我，還拍胸脯可以請到何麗玲來教我怎麼做法拍屋的買賣，但是我不想造成閨蜜太大的壓力，再者，當初到北京的「凍人」經驗真的是太深刻，忘都忘不掉，我深刻認知到我已經不年輕，我再也不能把命賣給老闆了。我想要開始創造我的被動收入。眼前不過三個選項，刪一刪之後，我也只剩下保險一途。我知道，這一踏上了，就是條不歸路。這一路走過來，很多人都覺得我瘋了。我對前因後果並不會去多做解釋，我只有說「我想做做看」她們不知道背後是這麼多事情讓我不得不做出這樣的決定，保險不是一時興起，而是我再清醒也不過的抉擇。

老天爺或許是要鍛鍊我改變的勇氣。我能有今天的成就，坦白說，我沒有比別人了不起，我只是認命跟爭氣，以及多了一點勇氣而已。現在常有同業跟我說，「陳玟君，為什麼不管老闆訂再多的業績妳都可以達成？妳要不要來幫我們講個課？那妳需要多少時間（講課）？」

「一分鐘就可以了！」我很有自信地回答。

「不會吧？！一分鐘！」對方睜大的眼睛寫滿不可思議。

「嗯！一句話：妳被錢咬到，妳就可以了！」我笑著說。

是的，被錢追著跑的人，是沒有時間難過跟思考自己是不是能夠，如果想要跑得比錢還要快，轉換的速度就要更快，就得要有改變的勇氣，堅持的毅力以及對自己的堅定的相信。我的人生中有很多事情都是不得已而去承接的，我只是選擇勇敢面對。

─我沒有時間難過─

除了問我什麼原因造就我的行銷力，也有很多人問我，妳背這麼多債，妳不怕嗎？我不怕！因為我清楚地知道，最差的狀況也不過就這樣而已。我一直相信一件事情，人只要努力就一定會有收穫。只要我們心存善良，老天爺一定會替我們開路。眼前已知的債務就是這麼多，痛苦一天，也是這樣過，開心一天，也是這樣過，那我為什麼要難過？我的個性一向不想麻煩很多人，又很愛面子。在這種時候，只能拼命成長、拼命往前。

往前跑的過程中，就會成長。

沈澱的日子，我大量看劇，從戲劇裡吸收養分。我一直在想，我在那個年齡我已經比一般女生會賺錢了，可是呢？錢去了哪裡？原來我一直都沒有理財的觀念，賺一分花一分，還背了一堆債，這段空白時間沉澱所學到的，讓我反省到我真正應該要學理財這一塊。大部分人靠時間去賺錢，但時間是有限的。我選擇做保險，第一個，是因為保險的制度我認同，第二個則是因為時間的回報可以自己決定。我投入多少，就可以回收多少，**我時間的含金量在我自己身上**。

沒有人是天生的業務高手，我也不是天生就很會跟客戶聊天，以前都會覺得自己怎麼這麼倒霉？怎麼這麼多事情？但真的很倒霉嗎？事情都有一體兩面，沒被逼到也成不了事。硬要講我的人生，我覺得我比一般的人有勇氣去當責。一開始會被拒絕總也會覺得很丟臉，但是每個月有二十幾萬的開銷要面對，被拒絕了就是「下一位」。說真的，我沒時間挫折，也沒有空悲傷與抱怨，我只能不斷往前。

那時候，我有很多好朋友跟客戶相挺，甚至有好朋友跟我說「我跟我媽說我把定存解約借給妳，但是妳要照銀行利息給我，要不要？」要！當然！這對我來說，是雪中送炭，我收下的不只是錢，是一份相挺的情誼，我永遠不會忘記。我知道我很幸運，有很多貴人幫助，也是因為這樣，我才更要認真努力，才不會辜負大家的相信與支持。被錢追著跑的人沒有什麼條件談面子問題，丟臉的不舒服感早在一次又一次地「下一位」當中被磨掉，我只知道我每個月要二十幾萬開銷，這個月如果能多收五千塊，那麼我就少跟人家開口借五千塊。我的個性不喜歡哀哀叫，雖然日子過得辛苦，好像有永遠還不完的債務，但錢又不是我花掉的，我再怎樣都要維持我的肉圓跟唱歌，不然我怎麼能平衡？

個性決定命運，人生的選擇是可以自己決定的。要把壓力變成助力還是阻力，完全是自己可以決定的。既然天上掉下來這麼多考驗，我願意把它變成推動我的動力，我相信如果跟我有同樣的狀況，可能有很多人會從此喝酒失志，我承認，我是卒仔（懦夫）我怕痛，我也沒有辦法自殺，我還是繼續在人間好好吃東西、好好過日子吧！因為不敢去死，就衝吧！後來想想，這樣也是一種幸福，當我決定往前，我就不會給自己很多退路，也就不會去想太多。痛苦，相對來得「不複雜」。我的痛苦只剩下債務，我的煩腦也只剩下要怎麼還債而已。當生死交關，我又不敢以死了結一切，必須要勇敢去面對的時候，我會去思考我有多少時間？我能做多少事？我怎樣才能把一萬塊的客戶變成三萬塊？初期我也是用量來堆業績，但是在跑量的過程中，我發現要透過自我學習並不斷去嘗試才能讓自己的客戶量不斷地變大、層次不斷提高，如果一個業務員的手上只有一個客戶，那麼得失心就會很重，同時客戶的壓力也會很大。每次我被拒絕，我都會告訴自己，「好，沒關係！」然後就積極往下一個目標前進。我有一個很大的優點，就是**面對結果，我會選擇看「有」，而不看「沒有」**。當自己有一小小的進步，我就會鼓勵自己，慢慢地自信就會回來。這就像我們打麻將的時候，如果身上有錢，那打起牌來就會很順，身上越是沒有錢的人就越怕輸錢，反而會越打不好。

只要相信自己，人生就算現在很背，北風北都可以翻牌。

一群情義相挺的貴人

還是那一句，天助自助者。我的努力，周遭的人都看在眼裡，雖然我一肩扛下所有債務，但是自始自終，我都不是一個人孤苦無依地面對。我很慶幸，我的生命中有很多的好朋友與貴人，用各種方式力挺我度過。

我有一個閨蜜對我很好，她的老公也很心疼我一個女孩子要扛這麼大的責任，他跟我說：「我很少看到女生拼成這樣，而且還不是為了自己。」所以，他在各方面都很幫忙。不僅給了我很多的意見與建議，他還去我家幫我開家庭會議。後來他叫他的老婆，也就是我的閨蜜，帶我去香港，陪她去投資及吃吃喝喝三天。就在海港城那邊，他從台灣打了通電話給我，他問我「陳玟君，這種日子好不好？」我看著繁華的街景，心想，這種吃吃喝喝的爽快日子怎麼會不好，我開心跟他說很好。他當時很認真地跟我說「那妳要記得，妳以後就要過這種日子！」他們不僅只是言語上安慰，行動上更讓我體會到了富裕生活的滿足感，讓我對未來有憧憬與期待，他還開車載我去陽明山，去看辜振甫的房子，指著眼前的豪宅告訴我，「陳玟君，妳記住，妳以後就是要住這種房子！」我看著眼前的房子，心想，好！我要趕快還完債，總有一天，我也要住進自己買的好房子。當然，這在當初像是一個遙不可及的夢想，就像遠處的燈火一樣，但也點燃我心中的一簇小小火花，我的人生還是有希望的光。現在的我，一家人團圓住在一起，過起了我的理想生活。當初，他們告訴我「陳玟君，妳將來就是要這樣過」的種種，現在都一點一滴的實現了。

能夠從負債的路上走到有餘裕可以助人，一路上情義相挺的貴人很多，尤其是我一開始做保險的時候，第一個月有四位情義相挺的朋友，她們的捧場保單雖然都不是大單，但是卻是她們能為我做到最多的，也是當初支持我前進不放棄的最大力量。打掉重練的過程是辛苦的，經歷過這種種的磨難之後，我變得勇敢、溫潤也比較能夠同理別人。每個人都可能面臨與正在經歷生活中的苦難與挑戰，這些我們不一定能夠為外人道。但生活是我們自己的，我們想要怎麼過都可以，沒有對錯。要允許自己「都可以」。只要在生活中不斷訓練自己去問自己「這個是我要的嗎？」如果答案「是！」那就這樣，接受吧！去面對吧！沒有什麼「可是」。因為意願大於能力。要逼自己改變是需要很大的努力跟勇氣，這個過程跟打怪升級是一樣的。在這邊，玟君一定要跟大家說，如果過程是超過自己所能承擔的情況，我們也不要自己埋頭苦幹，真的不行，一定要適時求救。就像我成立粉絲專頁，不是為了名利，過來人的經驗讓我體會了那伸出的一雙手，說出的一句話，可以有多大的支持力量。我建立的是一個「求救平台」。很多人的一生中有時候就只是因為一個坎過不去，可能就走上了絕路，但如果在那當下有人拉了一把，過了就會慢慢變好。我很好強，但我知道不能過度逞強，如果人生有貴人相助有那個運，那麼很多人就不會走到尋短的那條路上。我一路上有那麼多的貴人相助，我也期許自己成為他人生命中的貴人，於是我認真分享一字一句，如果剛好有人處在那個過不去的坎，我希望我的一句話、一個分享，能夠給予信心與力量，能夠讓結果改變。

第四章 —莫名進入保險業—

再出發　再出發啦　要拿冠軍第一名
天公就疼這款命　嘎甘苦當作跳恰恰
嗯免驚 嗯免驚啦　你是勇敢的小飛俠
帶著鋼盔嘎伊拼　人講沒行未出名

任賢齊　再出發

——選擇坐高鐵的代價——

我不能挑老天的禮物，但是我可以有回應的選擇。

曾經有一位進口廠商老闆跟我約好要談挖角我去他公司上班的事情，當時他講的一句話，我覺得到現在如果拿來問很多人，可能也都回答不出來。他問我，「妳的生涯規劃是什麼？」誠實說，回顧我的一生到現在，我並沒有刻意去做生涯規劃。但他問的這一句，也讓我省思了一下，我從那一個時刻去反推，我發現我的人生是一個沒有計畫的人，我有點像是勇敢面對下一刻「隨波逐流的飄萍」，但我覺得這並不是一句不好的話，某種程度上我認為是一種「順天應命」。就像老天來顆檸檬，那我就把它榨成檸檬汁一樣，人生也過得有滋有味。我發現我有一個特質是當我遇到逆境的時候，我的本性跟韌性就會跑出來。我並不是一開始就規劃好要做保險，但是卻在這一行發光發熱。人生大轉折走上保險路，這不能說是意外，但意外地讓我解鎖了新成就。

在替日式威廉到台南展店的時候，遇到了一點內部的溝通問題，幾經考量，我決定暫時停止正在拼搏的事業，於是我在公司負責的教育事業就斷然地劃下了句點。那時候我的同學幾乎都在做保險，於是有一位同學就聯繫上我，跟我聊起了保險，「妳還沒回美髮界？那妳要是閒著沒事，妳就去幫我考試啦！」當時她鎖定我是客戶，而不是要對我增員，但提出了一個「順便」的幫忙請求。我也沒想太多，既然有空，那麼多學點東西也是不錯的。我那時候並不知道全台灣北、中、南都有考場，我單純到可以人在台北然後去報名台南的考場，再坐著和欣客運南下考試。還記得考完試之後，同學叫我先不要回台北，馬上帶著我去燦坤刷了自己的卡，分十二期買了人生第一部筆電。買完後，又讓我先不要回台北，說要幫我灌軟體，我依然沒有想很多，還很天真開心地跟哥哥說「我買電腦了！」保險軟體不僅灌進我的電腦裡，也在我的人生執行運作，我從來沒有想過要做保險這一行，但保險就這樣莫名走進我的生活裡。

在台南的那段日子，有一段留白充電的時光。除了誤打誤撞跟保險有了交集，理財觀念也在我腦裡萌芽。我在那時候看了很多的戲劇和書籍，啟發了我對理財的興趣。那時我看陳道明演的《胡雪巖》學習商道，也看《富爸爸跟窮爸爸》奠定理財知識基礎，當時，對於每天被錢追著跑的我，只想知道哪裡可以玩現金流。我很感謝當時身邊有很多做直銷的大哥、大姊，一直把我帶著，讓我看懂直銷的制度，但我深知個人的特性是沒有辦法做直銷的，因為我沒有辦法為了業績而行銷，我也不會因為產品好推就去賣，我更不會為了業績推銷我不喜歡的東西，我又怎麼能叫一個也有負債的人先花一筆錢去買產品跟我一起拚？所以我打消了做直銷的念頭。我問做保險的同學要去哪裡玩現金流，他告訴我保險業都有策劃會報，剛好就有一場玩現金流的活動，邀請我一起去參加，於是我就自費參與了學習活動。既然業績不關我的事，上課時我就負責去幫他們拿蛋糕、做點小事，也是樂在其中。因為有現金流跟直銷的洗禮，我對於各種「制度」有更深刻的了解。後來就像前面提到的，我就去「幫忙考試」等通過之後，也順理成章做了登錄，成為了「掛名」保險業務員。誰也料不到這樣因緣際會之下我會變成今天的 Top Sales。

但我很清楚，今天的成就是我選擇坐高鐵的代價。我常跟很多人分享：如果說想要從台北到台南，面前有各種不同選擇，如果錢不是問題，那我可以選擇坐高鐵比較舒服也比較快速。但是高鐵很貴啊！如果想要坐高鐵，那麼就必須要付出代價，天下沒有白吃的午餐。同樣的情況，在我的面前有直銷、房地產跟保險讓我做，我選擇了保險，這讓我比較有機會可以更快的償還債務。坐高鐵的代價就是歸零再出發。

—你瘋了嗎？—

我要離開一個行業一定不是我做不好的時候，但肯定是我最風光的時候。

如果說接觸保險業的時候，我是誤入保險的小白兔，但是決定要投身保險這一途，則是三思之後的選擇。我在三十五歲的時候決定投身做保險，知道這個消息，幾乎美髮院所有的大佬都覺得我瘋了，又不是因為美髮業做不好，為什麼活到這把歲數才想要轉行做保險？我沒有瘋，還很享受。雖然很多人跟我買保險，我也做得還不錯，但是現在遇到我，還是會問我一句「魚總是要回大海，妳玩夠了嗎？」還沒，我還要一直「玩」下去。

當然我不是一開始就一帆風順的，也是灰頭土臉地騎著我的小「歐豆麥」（摩托車）跑客戶。我媽媽在我剛做的時候也問我要不要回美髮院上班，她認為保險沒那麼容易做。回到美髮院工作一個月至少也有十萬元的收入，靠做保險，這要跟人家低頭低多久？我當然也會掙扎，這時候我又問自己，回自己的舒適圈容不容易？回到舒適圈當然很簡單，但是如果不做保險，我身上天文數字般的債務要還多久？再加上北京的經驗，讓我深思隨著年紀的增漸長能賣命到何時？我告訴自己，那就一年，一年就好，拼拼看，如果真的不行，我就回去，我只想要給自己一個希望闖闖看，沒有想到其他。坦白講，每個老闆都很疼我，手心手背都是肉，我去哪裡工作都得罪人，那我做保險就是不得罪任何一個人。而且既然決定要做，就要做出一番成績。怎麼可以輕易回頭？

剛開始做，哪有不辛苦的，我愛面子硬撐，我媽媽也很愛面子，傳統父母的表達方式就是很不直接。老人家看我疲於奔命地跑，很心疼，她的安慰很可愛，她會說，「哎呀！七月份的時候人家比較不想簽啦！」我知道她是鼓勵我這個月（農曆七月）可能是小月，沒有關係，不要太難過。說實在的，美髮院年輕人哪有這種忌諱，但我知道她就是換個方式鼓勵我，她在表達對我的關心。帶著大家的關心與相挺，我就一路走到現在。越發覺自己當初勇於改變的選擇是做對了！就像我在《富爸爸、窮爸爸》中學到的，傳統家長的觀念是好好讀書讀到好學校找份好工作，就這樣過一生，這是窮爸爸的思維，但是富爸爸思維是，如何創造源源不絕的被動收入，不用工作又能夠穩定生活的狀態，這就稱為「財富自由」。我不僅要靠保險還清所有的債務，我更希望能夠因此而達到財富自由。

你能得到什麼取決於你有多想要

我一開始決定要賣投資型保險的時候，因為自己只是普通高中畢業，出社會也只做過美髮相關的工作，我連道瓊指數是什麼都不懂，財經方面很弱。既然知道自己不是本科系畢業的，沒有商業背景，基本知識不足，那我一定要補強這個區塊，於是我到書店去買基金如何上手之類的理財書籍，生吞猛嗑，就是為了要能夠讓自己快速地進入狀況，我一直覺得如果我們不能拿到大單或是不能跟資產雄厚的客戶對話，這不能怪客戶不給我們機會，要先檢討自己是不是有足夠的能力可以跟客戶對話。從踏進保險之後，這一路上我都不斷學習，那時候為了考證照，營業處處經理跟我說台南有包班上課，我就每次搭統聯夜車去台南上課。上課加上考照要花三萬多元我也甘願，因為我知道我要什麼，所以我格外努力，誰也不知道什麼時候會用上。後來，果然讓我值回票價。前不久，我也去報考了保險經紀人的國考，很多客戶笑我這把年紀了還在準備國家考試，又不是要考狀元，那麼拼幹嘛？我都會笑著跟客戶說「為了妳，我要多學一點啊！這樣我才知道怎麼去跟保險公司據理力爭，我要懂更多以後才能保護我的客戶。」這不是客套，而是我願意這麼拼的起心動念，我要懂，我才不會愧對我現在這份工作。

有一次，有一位自稱很崇拜我的後輩，知道我回到台南，很興奮地跟我約見面，說是有很多想請教我的地方。我回家穿了球鞋騎摩托車去星巴克跟他會面。他西裝筆挺地坐在那裡等我，表情很錯愕。我問他怎麼了，他看著我從腳打量到頭，巴巴地說「妳騎機車來啊！我以為妳會穿套裝。」我看著他，爽朗地笑說：我難得回一趟台南，就是要吃台南美食，誰要穿套裝出門？我跟同學借摩托車到處走，很方便。為了效率，我很常以摩托車代步，因為這樣在車水馬龍停車位一位難求的都市，跑客戶才能快、狠、準。就連接超級王牌講師，我也是騎著小噗噗去，因為我覺得開車太慢，浪費時間。他說：夭壽喔！妳騎歐豆麥來接我！我說這樣比較快啊！上車！礙於時間，這位從大學畢業之後就只坐轎車的資深前輩還是讓我接了。大家都不可思議，但我看來，排場雖然有時候是必要的，但也不是那麼重要。我有時候因為要跑單子，社團開年會的時候我也會騎摩托車去，在圓山飯店會場大家都是有身家的，也都開著名牌車，但我並不覺得我有什麼「失禮」。我騎車去開大會，其他姊妹也會幫我講話，你開名牌跑車，我騎機車，那又如何？我沒有什麼好丟臉。因為車子對很多人來說是身份的代表，但在我看來，就是代步工具而已。沒有對錯，只是價值觀不一樣而已。包括我的客戶看到我大熱天騎機車，都會有點不捨開玩笑跟我說，妳需要多少錢，我幫妳，妳去買個車吧！因為很多客戶會看妳開什麼車。我都會笑著說，沒關係，大部分時間我騎車比較方便。我認為，雖然世俗還是世俗，在某些場合還是需要以世俗的標準去進行較為便利，就像去以貌取人的場所要打扮，這在所難免，但一般的場合就不需要太張揚，有的時候穿得太高調反而會讓客戶覺得，哇！妳到底賺了我多少錢啊！大家都知道我很ＭＡＮ，不過，面子雖然很重要，但是有時候不值多少錢。要看你在意的點在哪裡。我認為，成功的根本之道還是在先努力改變自己，提升自己之後就會先有自信。

實力會說話。當然我也謝謝這名後進的盛裝，但我的簡單出席，也不代表不慎重。簡單寒暄了幾句之後，他很高興的說，最近業績很不錯，他收了八十張的單子，每張單子兩千元。我聽完之後，問他：一張兩千元的單子金額是誰訂的？你把我成當客戶講一遍給我聽。聽完之後，我俠女性格就上身了，我跟他說，你知道銀行定期定額賣基金所訂的三千元是怎麼來的嗎？既然你我有緣，那我就跟你分享分享。這不是隨便訂的，一個人回家之後從口袋裡掏出來隨手一丟的零錢，一個月下來就大約是三千元。你為了成交比較快，但有沒有想過客戶的立場？他沒有直接回答我，但講了很多自己的想法。後來他問我「玟君姐，妳怎麼能夠這麼厲害？」我問他生活有沒有什麼壓力，他跟我說他做了保險做了五年，他說他想要訂個車，雖然車貸大概只有八十萬，他打算用三、四年來還。這也沒有什麼對錯，但是如果是我處於這樣子的狀態，我可能逼自己短時間內還清貸款。分享這個故事，並不是要比較誰比誰厲害，而是想跟大家說，行動要跟上言語才有意義。我是一個行動力很強的人，說到做到。我以為大家都會這樣，後來才發現大家都想要成功，但往往想要付出的行動是有落差的。此外，很多社會歷練下來的小細節，也是一個人成功的關鍵，常言道，魔鬼藏在細節裡，是有它的道理的。比如說，業務員沒有錢，約星巴克都是對的。因為那裡有免費的開水跟電。我也會跟客戶約在星巴克，但我一進去，我都會先跟服務員說，請給我兩杯溫開水。然後用衛生紙蓋著，等客戶來。客戶會覺得妳很貼心。但我觀察這名跟我請教的同業後輩，他雖然比我早到，但沒有想到要去弄杯水，我一進去問他要喝什麼，他還很開心跟我說他喝咖啡。我就去買單，請他喝咖啡。雖然他嘴上跟我說他是我的粉絲，一整個看來，我比他像他的粉。事後我還發了相關專業資訊給他，他跟我說他看了一半就去開會，只回我一句「感覺很專業」我也只能笑笑。他有他的功課要學習，我已經盡力。畢竟，即便是知道企圖心決定一切，也有心要學習，但態度跟行動力的高低才是關鍵。

我並不是決定做保險之後就順風順水的，就像是平常喝酒玩樂什麼場子都會到的姊妹，也都沒有跟我買過任何一張保單，而且我也會被晃點。之前曾經有個帶過我，也算是師父輩的朋友跟我說「妳來跟我公司講保單，還有其他人都在，妳也會有機會。」我覺得長輩很照顧，就準備好資料，興沖沖地跑去，結果根本吃到閉門羹，一開始不懂，還會問怎麼了，他就開始踢皮球，後來幾次跟我約，也是說他忘了。因為被放鴿子的印象真的太深刻了，我一輩子都很難忘記那一天。我們約了晚上七點在羅斯福路上的丹提咖啡碰面，外面下著大雨，我在店裡苦苦等了半小時之後，就打電話過去，當時只聽到電話不斷響著，但是都沒有人接，我等到了八點，心裡想大概對方有事，這難免，我也就不以為意地回家，後來隔天他沒有聯繫，我也沒再打電話過去。又過了好長一陣子，見到面對方也沒當作有這回事，我也就算了。畢竟那時候還債是我人生第一要務，我要不斷去「翻桌」，我沒有空去追究為什麼一而再，再而三地被放鴿子。後來，他打電話給我，我本來不想接了，但我自認為對方不會「裝笑為（裝傻）」五次，就姑且當對方就是年紀大了記性不好，我把電話接起來之後，熟悉的聲音響起「妳還有在做保險嗎？」我笑著說「當然在，你還沒跟我買，我怎麼會陣亡？」後來，這張保單成交了。我都用這個故事來鼓勵新人，我們就是要撐得久，才會有機會「報仇」當然，這是玩笑話。雖然是這樣說，但其實我很感謝他，因為他讓我知道，很多客戶因為不知道我們會做保險這一行多久，他就用時間去證明。我也碰過美髮院老闆叫我如果一年之後還有做保險，再來找他的。我相信，時間會證明一切，而我所經歷的這一些都是我的養分。

—保險傳教士—

從事保險的初期，因為是被錢逼上梁山，賺錢是擺在眼前的必須，但就算這樣，我的個性並不愛強迫人，所以，雖然我知道保險可以幫助到人，但我總是隨緣隨喜，以前只要客戶說「嗯！再看看。」我一定不囉唆，也不會特別再多說些什麼來改變別人的想法，我只會說「在你啦！（隨你啦！）」但有一年，就在舊曆年前的一個下雨天，徹底地改變了我。

還記得那是我做保險第七年的時候，在時間上接近快過舊曆年，台北市的雨下得很大，那一個濕冷的傍晚，大約是七點多的時候，我的電話突然響起。

「玟君姊，我姊有沒有跟妳買保險？」電話那端劈頭就是這樣一個沒有交代前因後果的問句。

「要幹嘛？妳為什麼用她的手機打給我？」可能是保險做久了，第六感都很靈。我心想，就算是要問我有沒有買保險，怎麼會是用姊姊的電話打來？心裡不由得冒起不祥的預感。

果不其然，她跟我說，「玟君姐，我在台大醫院，姊姊因為發高燒，白血球過多，指數異常。我想問妳，姊姊的保險買什麼？」

我跟她說，「我知道了，我們保持聯絡。」掛掉電話，我呆呆地看著窗外的雨以及被雨打糊的燈光。怎麼會這樣！

後來得知，過年前通常美髮院特別忙，台北又下雨，她人不舒服也沒有空去看醫生，直到後來確診出是急性白血病，並沒有遺傳。那時候她的爸爸身體年老不適，而妹妹嫁出去了，弟弟也還在當兵，當姊姊的罹患這天上掉下來的急性白血病，除了她自己很煎熬，妹妹心裡的焦慮可想而知。妹妹打來的當天我就趕快去翻保單資料，然後叫妹妹要安心，告訴她一天的給付額會有多少，叮囑她讓姊姊只要負責專心養病。因為有保險當後盾，後來她安排姊姊住進了台大醫院單人病房靜養。

過了一段時間，我自己的喉嚨長瘜肉要開刀，剛好也在台大醫院，我順便去探望她。她打開病床旁邊鐵櫃給我看，裡面空盪盪的就只擺了一份保單，她告訴我很擔心醫藥費會繳不出來。我當場看到保單，眼睛泛酸，紅了眼眶，她妹妹站在旁邊只跟她講了一句「妳今天可以住這邊，妳要感謝陳玟君。」又轉頭笑著跟我說，「妳要是沒有做保險，她今天不會買任何保單。」是啊！如果我沒有做保險，她就不會有這份保單，那她……該怎麼辦？

朋友躺在床上問我「那時候，妳那時候怎麼不叫我買多點？」

「妳還好意思說？妳那時候還想砍東砍西咧！」我作勢兇她。

妹妹說「快，零八零零客服跟我說，我要客訴這裡有業務員兇客戶。」大家還是如往常一樣笑鬧，但是各自懷著複雜的情緒。這生死交關的當下，才意識到了自己的專業對客戶來說有多重要。想到當初她買保單的情況，再對照她現在，慶幸我當初的堅持。在我剛做保險的時候，我是做緣故起家的，我有很多客戶都是來自美髮院的朋友或客戶，當時她的主管跟我講她沒有保險，所以希望她可以買保險。我還記得我們約在南昌路的丹提咖啡，她看了我規劃的保單就跟我說，「癌症啊⋯我應該不會得啦！這可不可以刪？」

「不行，癌症不准刪。額度可以降，但絕對不准刪！」我很堅持，一定要捍衛住癌症的理賠。在那時候，我還算是很生嫩的保險新手，我一邊跟她講保單，還一邊打電話一項一項問清楚保單內容以及理賠項目。

「妳到底懂不懂啦！還打電話問！」

「我當然要問清楚回答妳啊！如果沒有賠怎麼辦？」我可以不懂，但我一定要幫客戶弄懂。

我記得她當時也是類似跟我捧個場買保單，但我記得很清楚，在簽保單的時候，她什麼都沒說，就只跟我說「陳玟君，這是（因為是）妳喔！我才跟妳買保險。妳要答應我，妳如果不做了，第一，妳一定要找一個跟妳一樣的人來服務我。第二，妳不能跟別人講我跟妳買保險。」我一口應下。就這樣簽下的一張保單，在多年之後，展現了它的意義與價值。

從她發病到過世，一共才三年的時間。

在她生病之後，各種事後理賠都順利下來了，所以她可以好好養病，又剛好慈濟配對到骨髓捐給她，可以說真的非常幸運。她問我要不要接受捐贈，她只回了我一句「我還年輕。」我看見她眼中燃著熊熊的「生存慾望」。而且，很感恩捐贈者是個很好的人，除了身體檢查的費用，並沒有其他的要求，後來的配對也很成功，這個結果相當令人開心。有一個星期天，她突然打電話叫我過去一趟。因為她弟弟退伍，沒有保險，她想要買給他。或許是自己的體驗讓她感受到了保險的重要性。保險，是她送給親愛的弟弟退伍的禮物，也是最後的一份大禮。就在一年的過年前，也是個陰冷的下雨天，愛漂亮的她做完客人的頭髮後去做指甲，感染併發症就走了。她的告別式在板橋的第一殯儀館舉辦，我去送她最後一程。她的主管跟我說，「妳也算她的貴人。」我只有靜靜地看著眼前的一切。從她生病到離世這段時間，我的感觸很深。當妹妹帶我去見她的爸爸、媽媽時，伯父、伯母見到我滿滿的感謝。我們常常聽到保險業的前輩分享他們生命中的故事，但是聽故事跟親自在現場看到老人家當場雙眼泛淚要道謝的畫面，感觸真的很不同，心都揪起來了。

以往客戶不跟我買保險，我都懷抱祝福，認為如果時機到了，他們有需求就會買了。但是現在我會像傳教士一樣，不厭其煩地「說故事」，不斷地講。因為這件事讓我有很大的感觸：當年我在做保險的時候，我只感謝客戶給我一口飯吃，但我不知道是，隔了七、八年之後，我真的可以幫助到一個家庭。以前聽前輩分享他們身邊發生的事，就會覺得是個故事，但是，親身經歷了，又是另外一番境地。想想，當初她一年繳三萬元的保費，繳了七年，不到三十萬，但是我陸陸續續幫她申請下來的給付共有三百多萬，這些錢在她最需要的時候對她產生了幫助。一開始因為有這張保單，我很感謝她當初幫了我，之後也是因為有這張保單，我很感謝她讓我知道了做保險的價值。

同一年，我以前公司的一個妹妹說想要跟我買保險，但是因為家境只是小康，老公又是開卡車的，所以手頭並不寬裕，我幫她的小孩來規劃保險，她說沒有預算。我沒有勸她不要買，我反而很認真告訴她「趁年輕，就算是月繳都沒有關係，很多先天性疾病是三、四歲才出現的，就算一個月只能繳那一千多塊錢也沒關係，一定要替孩子保險。」就在她跟我買了保險之後兩年，突然跟我說，她的小孩正在學走路，就在木柵動物園裡跌倒了，她帶著孩子去看醫生的時候，才發現自己的孩子罹患了水母細胞癌。（註：膠質母細胞瘤（拉丁語：glioblastoma），又稱多形性膠質母細胞瘤（英語：glioblastoma multiforme 縮寫：GBM），那是一種最常見也是最具侵襲性的腦癌。

小男生真的很帥。雖然很錯愕，但是我跟他說「加油！沒關係。」一邊著手替他申請理賠，同時間，我也在臉書發起集氣活動，希望大家能夠給孩子的媽力量。我還記得就在年後開工那天，保險公司撥下了一百多萬的理賠給付，我馬上打電話給媽媽，叮囑她醫院要做什麼就趕快做，不用擔心我。後來，這位小媽媽在集氣活動中留言「謝謝大家，他已經去當小天使了。」我們大家都盡力了，可能真的太辛苦，最終孩子還是跟著天使走了。當我協助她做最後階段的理賠時，我跟她說，「把自己的身體養好，再把他生回來！」

這兩個故事改變我很大，讓我在做保險的時候多了一點耐心，也更能深刻體認保險的意義跟功能。所以，我從隨便客戶要不要買我都可以的爽快態度轉變成如果你不買我就跟你分享故事，我會說，「沒關係，我跟你講一個故事。我會告訴你保險的意義跟功能在哪裡，因為我把你當好朋友，那你就忍耐一點。但是我至少良心過得去，哪天萬一遇到了狀況，至少我對得起你，不然我會覺得我過意不去。」我會鍥而不捨地跟客戶說保險的重要性，就算客戶覺得我很煩也沒關係，想想，很多人會覺得孩子還小，沒有什麼生活或工作風險，但是如果當初不買，等到發現小孩罹患先天性疾病就來不及了，很多人會覺得自己不菸不酒也沒有不良習慣，但是等到確診癌症，也買不了保險了。所以，不管大家對於保險的看法是什麼，對我來說，至少我幫助了一個家庭，而這個家不會在危難的時候因為錢而吵架，更不會因此而顛沛流離。你要說這對我來說，是一份鼓勵也好，或者是一種激勵也罷，但是帶給我源源不絕的動力可以不厭其煩一直講醫療。畢竟誰也不知道，會不會就是因為我多講了一次或者多分享了一次故事，就又有一個人被幫助到。

第五章

—就算負債也要學—

在這個世界上，

什麼都是不重要的，

世俗的權威不重要，

金錢不重要，

只有知識才是最重要的。

《富爸爸與窮爸爸》

—自學力就是你的超能力—

要說我賺一百萬進口袋，有五十萬拿來學東西，一點也不誇張。我常常被罵笨，但我認為，學習很重要，就算是負債，我也要學。

人生很多關鍵時刻會逼得一個人成長與改變，很多時候，我都是處在自己不得不轉變的狀態下。這意味著我必須要走出舒適圈，而迎接我的是好是壞很難預料，但我對於轉變抱有的態度是歡迎的，因為我的執行力超強，可以說改變的速度以及執行力是我的強項，所以我並不害怕人生要轉彎。當我決定我想這樣做，我就做了，我不會去想到底學會這樣或者學會那樣對我比較有利，也沒有太多其他的利弊的比較與得失的權衡，我覺得，如果什麼事都要這樣斤斤計較，根本就有一大部分的事情做不了了，尤其是學習跟用處是不能拿來錙銖必較的。就像是我剛進入美髮業的時候，我對行銷與產品還不是很了解，而在我剛進保險業，對相關知識與理財也不是很清楚，但是我不會畫地自限，我一決定要去學，我就學了，沒有太多的後續考量，因為我認為學習都是有益的，就像要有 Input 才會有 Output，橫豎我都不會有損失，只是用得多與用得少罷了。你可以說我不會計劃去學習某項特定的東西，也可以說在學習這個區塊，我並不是「目的導向」的。雖然說，學東西總有一個觸發學習的原因，但是我不會預設結果，也不會設定要拿來做什麼用。在美髮院工作的時候，我會去學很多東西，然後去回饋給美髮院的人。在保險業的時候，我會去考很多證照，增加我的專業來給客戶更大的幫助。正因為做任何事情我都不會去想我會先獲得什麼，所以無所求反而有所得。我只知道能夠學習的時候，一定要學好學滿，因為說不上哪天就用到了。在我人生變動的關鍵時刻，我透過學習去成長自己，也在這推動自己變得更好的過程中，體會到了知識就是力量。

這所謂的「力量」有時候不一定是專業能力，有時候指的是心的力量、改變自己的力量或者影響他人的力量。就像「念」是可以改變的。人常在不知不覺中，對自己下了「指令」，這樣的認知有可能來自於別人對自己的評價或者是自己對於自己的認定。拿我自己來說，我的生日是 0622 以前我只要看到這個數字，我都會在心中跟自己說一句「靠！有夠衰！」但就在我在學了「NLP 神經語言學」之後，我察覺到了我會有這種反應是因為我不知道什麼時候被下了心錨，所以看見這個數字就會有特定的連結反應，於是我就開始刻意修正自己的「念頭」每一次我看到 0622 我就會告訴自己「哇！LUCKY DAY！」後來只要一碰到我的生日數字，我就覺得那一天超級幸運。數字一直都沒有改變，但是，我們怎麼想卻決定了不同的結果。

太多人的迷思是：做事情前一定要先想「能幹嘛？」可是有趣的地方就在當我們把「能幹嘛？」放在前面，那往往就不能幹嘛了。我只有想「我總有一天可以用到它！」我會把所學到的知識放在我的記憶庫裡，然後在我遇到適當的時機的時候拿出來用。我會跟很多人說，你不知道你現在所學什麼時候用得到。學吧！學習是永遠不敗的投資。我的資質比較駑鈍，我要內化很久。我不像莊副總可以舉一反三，馬上就能運用自如，但我很認真在學。前陣子疫情很嚴重的時候，我就上網去學直播，看人家怎麼表達。我會抓緊時機像海綿一樣學習，因為我認為機會是給準備好的人，我期許自己也創造被利用的價值。如果我不是一直在學或一直在豐沛自己的能力與知識，我不會一直屹立不搖，在這個時代，不要說因為沒有提升自己而「掉價」了，不與時俱進很可能就被淘汰了。這年頭的學習管道很多，只要想學，沒有學不會的東西，如果說硬要拉開人與人的距離，自學力是最大的關鍵。

—投資自己是硬道理—

剛做保險的時候必須要拼業績，而且做保險這一行也沒有底薪，所以一定要跑得很勤快。一開始的時候，我當然是請前同事、朋友們多多益善，我還記得那時候我約了美髮院的人，等她們下班談保險。我們約在永和的集客，她們捧場性質地簽了一個月存三千的保單。那天我忙到半夜兩點回到家，雖然成交了，算是賓主盡歡，我也很感恩她們的相挺，但是騎車回家的路上就覺得好像哪裡怪怪的，等我到家之後靜下來思考，才發現我簽這一張月存三千元的保單，公司撥給我的佣金少得可憐，這比我當天用來請大家吃飯的錢還要少，而且我還累到半夜，安娜乾丟？（這樣對嗎？）咩丟誒猴？（這樣怎麼會划算？），所以那時候我就告訴自己，我不要再這樣了。我一定要拿到更高價值的保單才行。可是在那個時候，有錢的客戶我是沒有辦法靠近的，我根本不懂理財，哪有辦法講？所以那時候我就卯起來看非凡財經台，我很清楚我要了解什麼是K線圖，我一定要搞懂財經，我才能夠和有錢的客戶擁有「共同的語言」，只要我肯學，我一定要有辦法談到更大的保單。於是我瘋狂看書、上課、考證照。我所有的證照都是在三商人壽當經理的時期考到的。

若要仔細算，我身上大概有十五、六張國際跟國內的專業財經證照，這並不是要告訴讀者朋友我很厲害，而是要告訴大家，**我行，那麼你們一定也可以！**我很清楚自己的個性，我平常不會去唸的東西，叫我考試我就會唸了。這不是因為我多麼天資聰穎跟有雄心壯志，而是因為我不想浪費報名費。同事常開玩笑說我的個性很特別，吃一碗麵如果要花一千塊都敢跟人家吃，但是一個考試要花五百元都覺得貴。所以，只要報了名，我就絕對不會讓報名費被浪費掉。我相信每個人都有一個讓自己前進的力量，不管是鞭子或者是胡蘿蔔。我在美髮院的時候，肉圓跟唱歌就是讓我努力行銷的動力，而在做保險的時候，我就拿不能把報名費浪費掉這一點來逼自己唸書，這樣我看財經台我才看得懂，這樣我才有專業知識可以跟高端的客戶對話。同事只要看我在那邊讀書，就知道我一定是要考試，他們會笑我，「如果妳聽得懂，全世界都聽得懂了。」我也會笑著回他們「有本事把我教會，那你就厲害了。」然後繼續心無旁鶩在準備考試上。就因為我覺得自己不夠聰明，只好更勤奮。

沒錯！只要我看得懂，聽得懂，全世界都可以，正在看書的你們也可以。一定要相信自己！

人生很多事情都不是能事先預料的。我們絕對無法知道什麼樣的知識會帶給自己的人生什麼樣的轉變力量，然後先去準備。但是，有了東西在肚子裡，絕對不會餓到，有了知識在腦海裡，也絕對不會有損失，難保哪天不會有用到的時候。之前的老闆叫我去報考 RFC 以及 FCHFP 的證照，雖然都要花掉三萬多塊，而且當時我身上還背了一堆債，但是我那時候的想法很簡單，我認為老闆不會害我，再者，如果我花點錢學東西同時老闆也會很有面子，而且，最重要的一點，我認為只要讓我逮到機會，我就一定會賺回來，花出去的學習費用只是讓我的錢先出去幫我打前鋒而已。所以我很用心在上課、讀書、考試。有句話說：天助自助者，人只要努力，老天爺就會幫忙開很多路。像我那時候上課剛好學到最低稅賦制，正記憶猶新，所以當我跟客戶講完之後，客戶後來打電話跟我說「妳講的是對的。過來簽吧！」就這樣，我就收了兩千萬的保單。拿三萬塊上課、考證，感覺好像很傻，但是後來再回頭看，拿三萬塊換到一張兩千萬的保單，有什麼不好？超值！

我收了兩千萬的大單，主管當然高興，所以請我們去王朝飯店吃飯。那時候同桌就有一個姊姊問我「妳睡來的啊？」我當下聽到，笑著回她「如果是可以『睡來的』那我叫客戶把錢直接匯給我就好了啊！幹嘛還要透過保險公司多此一舉？」這位姊姊的話當真酸到都聞到味了，但說真的，我當下並不會生氣，因為對方的話已經讓我知道了她的層級在哪裡，她的話不但沒有對我造成任何傷害，反而讓我迅速判斷出了三件事：第一對方沒有收過這一種大單，第二我知道她的坎站（等級），第三也是最重要的，我知道對方根本不懂我。真正了解我的人或許不會這樣問，他們可能會問我是不是拿槍指著人家簽下來的，當然這是玩笑話，我的個性從來不勉強任何一張訂單。只是這段插曲也讓我深刻地了解到了「學」跟「不學」在時間的複利效應之下所造成的距離落差。學習雖然不會是件容易的事，但到最後是笑著成交，還是坐著看別人成交，心態決定一切。

很多人學東西會受限於本身的金錢跟客戶的種類，總是覺得自己沒錢，也沒這樣的客戶，所以不用學新的東西。但我認為把錢拿來投資腦袋是最有價值的。我很笨，但這也是我的優點。我就一股腦憨憨地學，傻傻地去考試，反正不管是什麼，只要我學一學，有一天，讓我抓到機會，就一定賺回來，不會虧！看！這不就讓我賺回來了嗎？以後陸陸續續有很多大的單子，也都是靠我東學西學融會貫通的專業談下來的。多數人認為學習沒有用，那是因為自己不認真學或者在學了之後又不好好地拿來用，那當然是白學了。學習正是為了哪天可以用到而花費時間跟金錢的投資，怎麼能這樣浪費掉？如果拿應付的態度來學習，應付的不是公司或主管，應付的是自己的人生。

很多人認為理財跟投資很重要，學了一堆投資的方法，有錢的時候拼命買基金、股票，卻忘記了要投資自己。我認為，學習是最聰明的投資。有錢我寧可先投資腦袋，因為我不知道什麼時候會用到它們，所以我什麼都學。我認為，人生不該受限，學習也是。不管是繳學費的正式學習、被要求的專業知識的學習還是私底下個人興趣方面的學習，甚至是旁人的一句話，刷到的一篇文，都可以帶領我們成長，都可以學到東西。學得越深，專業就越強；學得越廣、心就越寬闊。很多保險公司會因為推銷推銷，可能他們本身就不是理專，而客戶買其他保險，自己也賺不到錢，所以不會去推薦，但是我自己本身做這行，要能夠以客戶為先，我常跟同事說，我有很多的客戶是跟我一起長大，有一天，你的客戶也是跟你一起長大。」隨時學習與成長是必要的。再者，保險要帶一個白紙並不容易，我一直在想，我到底要怎樣做才會快。我為什麼要快，因為我很清楚我沒有時間，這不是個人年紀的問題，在這個瞬息萬變的年代，新的東西不斷出來，元宇宙、NFT等等以前想都想不到的生活模式與商業行為不斷推陳出新，我們是不能原地踏步的，不管你接不接受這世界正在改變，未來它已經來了。

既要深廣博還要接地氣

我一直相信，能力從來沒有離開過我們。現在或許沒有意識到它的存在，但是永遠要相信自己，能力一直都在，並沒有不見。只要有得學，我都盡量學。我不設定自己學什麼，就連心理學我也研究，我想很多人不知道卡牌是我的天賦，這要追溯到在三商人壽保險公司的時候，我有一個朋友突然間走了，就開始對這個區塊好奇，一開始也沒有特別鑽研，但慢慢地我的夥伴都去結婚，一個一個離開保險界，在外面看來那是我比較低潮的時候，因為一路拉拔培養的人都不見了，「我常笑他們，最該結婚的是我，怎麼你們都跑去結婚了。」但換個角度，我帶組織的壓力也就沒那麼大了，我在那時決定去選擇去走心靈層面那一塊，可以說各大門派我都接觸過了，不管是新時代、佛教、禪宗等等學派我都有涉略，就連印度教的相關的心理學書籍我都去看，就差沒有真的跑去去印度而已，天使牌就是那時候開始的。

我興趣很廣，我也喜歡看動漫，像前陣子營業處舉辦萬聖節感恩活動，我們就選擇用鬼滅の刃來當作主題。每個人都扮演了其中一個角色，我選擇彌豆子作為扮演的角色，不只因為她是其中唯一的女鬼，更重要的是她寧可咬著竹管也堅持保有純真的人心人性，我彷佛在她身上看見了自己對人良善的始終如一。另外，我也喜歡王一博，他雖然是個直男，卻在跳舞這一塊執著與堅持。相較於我們，其實身為藝人更辛苦，他們要很努力才能被看見，很多時候，努力也不一定會出名。為什麼我要分享這些？當我們有「興趣」懂時事，我們才有辦法跟人家對話。業務員在想如何「破冰」的時候，有時候也要思考一下，除了開門見山，我們可以跟人家聊什麼？有什麼可以拉近彼此的距離？就像我喜歡給予。我從以前就樂於分享，我會跟很多人分享我最近學會什麼、看到什麼、有什麼樣的心得與收穫。學習也要接地氣。並不是在書中鑽研或者是拼命上課就是學習，跟人家有連結也是一種學習，我們必須要像海綿一樣，不斷吸收周遭新的東西。前一陣子遇到客戶做了新髮型。我問她「妳這次頭髮造型怎麼這樣？」她說「華燈初上啊！」於是，我笑著說，「妳是要當蘇媽媽還是螺絲媽媽？好啦！那我納入妳旗下好了。」客戶一旦覺得親近就會自然開口，然後就可以去跟她說她的擔憂跟自己的產品。想想，如果根本連華燈初上是什麼都不知道，怎麼能夠接得到客戶丟過來的球？這樣還有沒有後續？答案顯而易見。

學習不只讓我們可以有辦法和各種位階與年齡層的客戶「有話題」。在專業上，我們也可以思考保險在接收到的資訊方面可以幫助到客戶什麼？當有什麼新聞事件發生了，不要只關注八卦的後續，要保有一定的「專業敏銳度」，去思考專業的東西怎麼跟時事做結合，像是類信託就是一個好例子。前陣子王〇宏婚變事件中「蕾神」今天又發什麼文是大家熱力討論的話題，但我們除了在八卦上面著墨，更可以站在專業的角度和客戶分享一下：如果我是王爸爸、王媽媽，我要怎麼保護我兒子的財產，又或者我是女方，我能為自己做些什麼？爭取到什麼保障？多學點東西還是好的，尤其學校沒教的東西都是人生經驗很重要的。就算只是生命歷程中發生的事件，都可以是「借鏡」的學習資源。像我剛做保險的時候因為經驗不足，對於保險的運作比較不懂，所以有一個客戶的妹妹很好心地要捧場跟我買保險，但我那時候忘記問她是否有病歷，也不知道她只有一份錢，她想要幫我，卻把之前的保險做了部分修正來買我的保險，但是後來在發生事情的時候無法獲得理賠，雖然公司有退保費，客戶也沒怪我，但是我一直耿耿於懷到現在，因為我懂得不夠，所以沒有幫到她，覺得很難過，我告訴自己，我無法改變過去，但是我將來做的每一份保單，都要格外仔細小心。對我來說，這無異是最寶貴的一課。當然，這也是一種學習，生命經驗的深刻學習。

—書是百憂解—

雖然我們可以從生活中發生的事情去學習，但是這樣還是太慢了，而且很多時候，我們真的不用拿自己去實驗，我們可以吸收別人的經驗，變成自己的。我很愛看書，書裡有很多的知識可以學習，除此之外，書在我生命中的重要性其實超越了單純學習，對我來說，看書就是自我對話的一種。因為我的家庭背景跟我愛面子的個性，所以造就我遇到事情的時候不會跟人家講的倔強個性，但是，有問題不能不解決，不管是生活還是心理。從年輕的時候開始，每當我卡關的時候，我就看書，從書裡得到人生的解答，也找到療癒的方式。比如說，我爸爸的個性非常大男人，常常說一就是一，容不得討價還價。那時候他堅持家裡的每個小孩都要讀普通高中，他說「妳們就是要進文藻唸外語進來爸爸的公司幫忙。」坦白說，我那時候很想到台北念世新大學廣電科的大眾傳播系的科系，後來我媽媽捨不得我一個女孩子離開家裡那麼遠，就要我去長榮念美髮科，還在糾結的時候，隔天早上一起床，爸爸一句「走！我帶妳去註冊。」就這樣決定了我的未來方向，他帶我去註冊了私立高中。雖然百般無奈，但是也只能接受，直到有一天，我看到《鑽出牛角尖》這本書中的一句話「小孩來自於你，但小孩是獨立的個體。」我一整個豁然開朗，那時候我就比較會跟爸爸對抗，因為我知道我是獨立的個體，我有自由意志，我不是父母親意志的延伸。

到了出社會之後，從純樸的府城轉場到繁華的都市，那時我都會害怕被欺負，就會開始武裝自己，會把盔甲一件一件穿上，後來看了《為自己出征》這本書，這本書提到人有三種形象：一種是外在的形象，也就是別人看你的樣子，另一種是內在的形象，也就是自我認定的樣子，最後一種是真實的形象，指的是心靈深處的自己，這個「真我」可以跟宇宙萬物互通，可以感受到宇宙萬物的頻率。於是我反覆思考：自己是不是為了符合別人的期待，而選擇忽視自己的聲音？自己有沒有「聽心的聲音」？是不是總要從別人身上獲得答案？是不是一直〃證明〃自己具有某些與生俱來的特質？我學會了反思與跟自己對話，開始活成真我。後來，我發現自己根本不需要害怕，也才慢慢試著把盔甲一件一件卸下來，開始可以一點點地讓本性顯露出來，不再那麼ㄍㄧㄥ，甚至有時候也可以很自然地將糗事講出來，自我調侃。

我知道現在的人都活得很ㄍㄧㄥ，有時候「偶包」很重，遇到了困難不知道該怎麼辦，也不敢跟人家說，如果真的茫然困惑，那就看書吧！建議大家就多去誠品走走，不要設定找什麼，就聽從自己的心吧！你的元神一定會幫你選一本適合你現在的書，即使漫畫也無所謂，拿起來看吧！那一定是當下此刻你最需要的。很多時候，就是這樣靈光一現拿起來的書給了我提點與解答，讓我度過了難過的關卡。盤點到現在為止，影響我人生最大的書有：使我回歸真我的《為自己出征》、讓我奠定理財基礎與財務自由觀念的《富爸爸與窮爸爸》幫助我了解要對問題負起百分之百的責任的《牧羊人的奇幻之旅》、運用來消除潛意識程式設定的《零極限》以及讓我去除我執、尊重別人、學習包容、學會尊重的《心經》。這其中，尤其以《心經》影響我最深，從年輕到現在，我每天寫心經，已經斷斷續續寫了 30 年之久。某方面我是個很憨直的人。我只知道要做，就去做，一股腦地傻勁。高中的時候，人家跟我說要寫《心經》我就在泡沫紅茶店裡，煙一點，就開始用毛筆寫《心經》。直到有一天一個好友跟我說「你知道寫《心經》的時候不能邊寫邊抽菸嗎？」我才知道寫《心經》是一件很慎重的事。

撇開宗教不論，寫《心經》是一種靜心的過程。很多人都知道《心經》，但可能不是每個人都知道心經有二十一個「無」字。很多人都知道心經裡面的字句，但也不一定真的懂經文的意思。第一次接觸心經是有一位禪宗的師父叫我寫《心經》，要我至少一天寫一遍，而且要用毛筆寫，我問他「要寫多久？」他說：寫到妳懂為止。我就這樣一路寫，我從以前不懂，到現在似乎有那麼一點懂得，但可能還是悟不到，所以，我還是一直寫著。我知道很多人會把唸《心經》當成每日的功課，但是我覺得，心經不要用唸的，要用寫的。因為要寫《心經》所以我們必須找個時間給它，在書寫的過程中，因為心無旁騖，所以可以靜下來，讓心變寬。在三商人壽帶團隊的時候，我要求團隊每個人都寫《心經》畢竟我們為了生活打拼，難免有很多俗世傍身，有時候心會很浮躁，就算寫了《心經》也不見得會馬上靜下來，但是寫著寫著，腦中便會出現一些靈感，就會有一點不同的想法跑出來。

人是會改變的，拜寫《心經》所賜，我改變了不少。我變得比較可以接受別人的想法，我以前要是說一，那就是一，可是我現在就比較能夠接納不一樣的聲音。就像我現在，偶爾脾氣還是會衝，但是比較圓融了一點，如果是以前的硬脾氣，當聽到那位姊姊說我兩千萬的單子是睡來的，我可能當場就跟她嗆起來了，但是我也只是笑著說「嘎家翁（哪那麼傻）我要用睡的就叫他直接把錢匯到我的戶頭就好了，還要給公司抽？」尷尬的場面也就化解了。《心經》也讓我變得更柔軟，更能包容不一樣的視角。我以前是很固執的人，假如一個瓶子擺在面前，別人看到的是紅色這面，而我看到的是綠色那面，我會很鴨霸地要對方接受他看到的就是我看到的那一面。現在的我比較會同理心，也會比較能夠接納別人，至少當別人提出不一樣的看法時，我不會馬上否定，我會先說「是嗎？」然後，再仔細去確認。

我沒有過著別人的人生，所以我沒有資格說別人，但我很清楚自己一路都在變。透過書跟自我對話，從以前到現在，我可以一直改。因為我會靠書中或經文的自我修煉去自我察覺是不是會有慣性產生，去警覺自己現在為什麼會這樣，所以一直在修正自己。當然，並不是學佛或者是唸經文就顯得特別高深，也不是寫了《心經》就很厲害。遇到同樣的事情，多數人都會有慣性（佛家講叫做習性），我知道很多人這樣做，但是心、口都沒有修，所以人生依然沒有改變。我覺得那些前人的智慧是要告訴我們，如果我們遇到同樣的事情就按照我們舊有的習慣來做，那答案跟結果還是一樣不會改變，就像愛因斯坦講的「什麼叫瘋子？就是重複做同樣的事情還期待會出現不同的結果。」嚴守仁老師曾教過我「**警覺就是智慧的開端**。」人都會有負面想法產生，我們不可能永遠陽光積極，但隨時要察覺為什麼會有這種想法出來。就像我年經的時候在美髮院工作，以前對於人家打扮得很奇怪，會心想：夭壽喔！穿這樣也敢出來！但是現在我就會覺得，這是我太武斷了，因為我用自己的審美觀念去評判別人，但我的標準就是對的嗎？這或許是對方覺得最漂亮的服裝。因為自我覺察，我開始學會欣賞與接納。

第六章 —選擇保經大道—

手心裡的溫暖

用各種方式交換

花季到了

等待燦爛

牽手一起面對勇敢

張信哲《陪伴》

—擁有小叮噹的口袋—

保險這一行，在過往不管商品、制度都是傳統公司在主導。但是近年來保經的市場越來越大，甚至在這幾年保經已經變成了主流。畢竟，客戶消費者意識已經抬頭了，單一保險公司的有限產品已經不能符合客戶全面性的需求。假設我今天是在單一的保險公司服務，我賣的可能是我們公司最好的產品，但卻不一定是對客戶最好的產品。但如果我是在保經公司服務，我的簽約公司可能高達數十家，所以，我可以組合出對客戶來說ＣＰ值最高的產品。也就是說，我可以給客戶最適合的產品，甚至是替他量身打造他要的專屬保單，而不只是賣公司最好的產品給客戶。

不一定最好，但一定最適合

我有個客戶跟我很熟，我常笑說以前跟他簽保單的樣子就很像在毒品交易，他還會在上班時間偷偷下樓來簽名，深怕被看到，動作神神秘秘，而我拿到簽名就走。我們之間的信任度很高，只要我說簽哪，他就簽哪，不需要多說。當然，他現在結婚又有了小孩，想要買保險就沒有以前那樣「簡單」了。我帶了保單及建議方案過去，他跟我說自己太太的表姊也是在做保險，我就跟著一起去他的老婆大人的父母家報告。一樣說完自己設計的保單內容後，請對方自己評估，就沒擱在心上了。那天我人在成都突然接到了他的電話，他告訴我「我老婆的同事設計的剛好跟妳重疊，但公司不一樣，那我老婆就想要這樣的，妳就照這樣打一份。」我納悶他為什麼不跟同事買，他告訴我「我跟老婆聊一聊之後，覺得雖然她跟妳不熟，但是妳不會不做，而且妳服務又好，所以決定給妳做。」我很慶幸我是在保經。雖然我跟朋友交情夠深厚，如果我用我以前的舊思維用人情去講保險，一定行不通，因為現在的市場已經不適合了，有很多客戶是一路跟著我一起長大的，以前是一句話就可以了，現在娶了老婆、有了小孩就不一樣了，要顧慮的人很多，甚至還有雙方的家長意見也要參酌。還好我在保經上班，可以滿足所有的需求。如果只有一間公司的產品，我一定沒有辦法賣給他真正需要的東西，往後的路就會越來越窄，客戶層到後面就會慢慢萎縮。而且，我一直認為，客戶跟我們買的不只是保險而已。

不是買保險，而是風險管控

我常告訴客戶「你不是在買保險，你是在做風險管控。」保險產品不只是醫療、儲蓄跟壽險而已。風險要怎麼規劃，該怎麼做，就是我們要討論了。我在保經能夠為客戶做的就比在單一保險公司來得更多。我不會硬推商品給客戶，我會站在同理心去看。有很多客戶在簽單的時候很阿莎力，多少錢的單都說沒問題，但是每當臨時需要用錢的時候就會解約。很多人並不知道保單一經解約就會損失一些不該損失的金錢。我會跟客戶說，我在保經什麼產品都有，但是你一定要清楚告訴我你要什麼或擔心害怕的是什麼，我才能幫你規劃最適合的產品，或者是我們瞭解客戶的背景，我們就會知道他的風險，站在客戶的立場去整理他的商品，給出最棒的配置建議。客戶需要我們協助風險管理，我會按照專業立場去分享風險控管，我不會因為想要賣產品就讓他們全部在同一間公司的保單或者是集中在某種保單裡，我會建議是否要拆分成不同保單，並且詳細說明我的作法，以及這樣做背後的原因是什麼。

現在是一個全民保險意識高漲的年代，一個人身上總有幾張保單，如果完全沒有保險，那就是真的是國寶了。有人問我，保險要買多少才夠？實話說，保險買多少都不夠，就跟男人換車，女人買衣服一樣，隨著我們的生活水平增加，要求的品質就會不同，此外，人生難免都會有起起落落，保險是要隨著年齡及工作的情況調整的。我曾經碰到過一個年輕人，明明是SOGO百貨的櫃姐，卻買了十份的意外險。她告訴我，因為都是電話行銷，聽一聽覺得好像還可以就買了。我幫她檢視保單的時候，請她告訴我業務員是誰，她卻說她完全不認識，而且買了什麼也不大清楚，只知道是可以還本的意外險，不會虧。但真的是這樣嗎？真的需要買這麼多？保費會不會到最後變成不能承擔的壓力？對於購買的保單不夠瞭解，是很可怕的。我會針對客戶需求提出建議，但是主控權仍然在客戶身上。我們要活在當下，保險也要買在現在的能力範圍內，除了要搞清楚買了什麼，更要想清楚這筆錢有沒有能力一直付，如果因為無法支付高額的保費，讓保單因此失效，反而得不償失，所以，付得起多少就買多少，以後可以再調整，畢竟生活方式可能改變，我們承擔的風險也會不同。

錢要花在刀口上，我會建議客戶把錢挪在對的地方，我也不會只看當下，當客戶做好決定之後，我還會進一步規劃，建議日後有預算的話，什麼樣的保險內容要優先處理。我不會一下子就讓客戶買超過能力範圍的保單，這並不是說保險不重要，與其擔心買得夠不夠齊全，要先擔心的是這樣的保費我們可不可以持續支付？我們多數人都不是銜著金湯匙出生的，我也沒有一個叫郭台銘老爸，所以，就連我自己也是多一千塊的預算就買一點，再多一千塊的餘裕，就再買一點，一點一點地讓自己的保險健全。我都會提醒客戶，不要緊張，就算沒有辦法一步到位，以後在能力可以的時候，就能慢慢補足。

我一直覺得，我倒全家倒，所以我必須要把我的風險控管好。我早期還在美髮院工作的時候，就已經有保險的概念了，那時候是我主動跟一位做保險的姊姊提出我要買保險，而且我還跟那位姊姊特別強調我什麼都要買，於是她幫我和媽媽規劃了一張「什麼都有」的保單，繳費的金額很驚人，一年要繳二十幾萬我也認了，因為我經不起任何一點風險。我心裡想，二十幾萬夠了吧！應該什麼都有了吧！當時的我還身懷巨債，那位姊姊很好心跟我說要先幫我墊一半，等我領錢再給她，我那時候什麼都不懂，覺得人家很幫我，我只知道我不能讓保單失效，所以雖然我已經打出名號，有很多廠商來挖角，但我都拒絕了，因為每年的一月跟三月我要繳保費，我不能隨便離職，我一定要有年終獎金。而這樣辛辛苦苦護下來的保單，在多年之後，讓我知道我的「盲點」在哪裏。那時我媽媽必須要開刀做手術，光在心臟裝兩個支架的自費費用就要十四萬，我心想，有「什麼都賠」的保險就沒有關係，所以我什麼單據都拿了，出院之後才發現因為買的保險內容沒包括實支實付，所以，不能理賠。當下覺得保險都是騙人的。我一年繳二十萬，還繳那麼多年，結果根本沒有用！後來自己真的做了保險才知道，不是保險沒有用是沒買到對的保險，而是自己不懂，等到我已經懂了，而且知道在保經可以讓保障更健全的時候，我媽媽已經不能買保險了。

如果我們真的去了解保險的意義與保單的內容，就會發現保險其實很有用。就像前一陣子小鬼突然驟逝的事情引起大家的一陣譁然，我不知道小鬼有沒有買保險，但是他因為想要孝順爸爸，而買了四千萬的房子，突然就這樣撒手離世，對家人而言，到底留下來的是愛，還是負擔？雖然他的服飾店與品牌還在，但那龐大的房貸該怎麼處理？我跟小鬼一樣，也很努力愛家人，為家人買房置產。說真的，我也很害怕小鬼的事件在我身上發生，我想和我有一樣擔憂的人應該也不少。每一個人背後都有自己人生的故事，基於職業道德，我不能細說，只能以自己為例。我本身對自己的規劃就很明確，比如說，我會去計算我現在的房貸有多少，那我就要把我的壽險算到同樣的數字，再簡單一點說，如果我房貸的部分是三千萬，那我的壽險就要做到三千萬。因為壽險的部分就是無論我們處於什麼狀況，在身故之後一定可以獲得理賠的。那至少以我目前這個房子來說，我對家人的愛是可以被保住的。我不希望有一天當我不在這個世上的時候，我的家人因為繳不起房貸而必須要被迫顛沛流離，這是我最不想要遇到的。想要預防這個風險，難不難？不難，透過保險就可以做到。然而，要做到三千萬的理賠，保費貴不貴？當然貴！那我就會去思考，可不可以有其他的方式能讓我達到我想要的目的？因為在保經，手上合作的保險公司多，產品也多元化，我就可以用其他產品與組合去搭配，讓 CP 值變最高。其實，保險能做到的真的超乎大家的想像，而保經能夠提供的彈性與適切度也高過大家的預期。

人最怕臨走前來不及交代，或者是什麼都沒有交代就離開，小鬼說走就走，羅妹妹也是，都讓他們的家人措手不及。要避免小鬼事件再發生，或者避免羅妹妹事件再發生，這就是要先處理好贈與稅或者遺產稅的問題。就中華民國來講，這些是在做遺囑信託的時候就可以協助做到的，只要寫遺囑信託，就可以按照意願去分配。另外，多數人平常在講贈與稅的時候可能不會想到還有「身後稅」這件事，而風險的控管又該怎麼去做轉移？如果我有一點積蓄，我要怎麼做資產分配？這些看似跟保險沒有關係的區塊，其實都可以藉由保險的規劃做到。有時候同事們會開玩笑說，還好自己沒有錢，不怕離婚。很多高資產的客戶其實很害怕聽到門當戶對，小孩要結婚不能擋，但是年輕人結婚不顧後果，常常動不動就離婚，財產就一半一半被分走，要避免自己好不容易留下來的財產不要被「親戚」分走，可以利用保險金的分期給付，或者是可以做類信託的給付，明確自己將身後財產分十年或二十年分給自己的小孩，也可以設定好自己的子女一年可以領多少錢，這些都是身在保經可以替客戶做到更多的地方。有時候會覺得選擇保經之後，客戶要的，我們都有，是一種驕傲。自己很像小叮噹，能從口袋裡拿出來「最棒的」東西給客戶，不一定是最好的，但卻是最適用的。這就是將客戶的需求擺在最高規，而這也只有保經可以做到。

—工作與生活的絕佳平衡—

以前在單一的保險公司服務，業務員不只要做行銷也要增員。在保經會比一般的體系跟制度更符合人性。假如我很會做業績，我可以晉升，如果我很會做組織，那麼也是可以晉升，不會因為自己不夠「全面」而覺得沒有發揮的空間。畢竟沒有人是全能的，但來到保經的系統，選擇性就變多了，簡單來說，就是可以適性發展。在產品方面，也不會只有行銷儲蓄險跟醫療險，還可以做產險跟企業保單。這就回歸到一個點，想要做什麼樣的業務員，這個平台都可以滿足你。簡而言之，這是一個相當「人性」的環境。此外，以往在保經並沒有太多的教育訓練，因為通常會轉戰保經的業務大多是有經驗的，公司並不需要把資源放在教育訓練這一塊，但是現在大環境改變之後，在保經這個環境裡也有很多都是從「白紙」開始，所以因應這樣的轉變，像我們公司就搭載了很多的課程與平台，從新人銷售開始教，一直到進階線上訓練的課程都有。可以說，保經一路發展已經超越了傳統保險公司，在服務、產品與晉升管道上都更多元且健全。

多數人可能會覺得做保險業務在工作與家人或其他方面很難兩全，真的是這樣嗎？我相信大部分做業務工作的人都會有這樣的困擾，但其實，在平衡工作與家庭生活上，一般朝九晚五的工作反而難達成，而做保險這一行是可以做到的。自從我選擇做保險之後，陪伴家人的時間更多了。雖然忙的時候真的忙，但我也有 Family Day，另外，我做保險的另一個好處就是，我不用跟人家擠假日跟顛峰時間，更不需要被收取昂貴的熱門時段費用，這是一般上班族享受不到的「福利」。當然，做業務這一行很容易會不小心變成二十四小時 On Call，或者突然間就來了一個很難拒絕的大單，要做到幾分就要看你怎麼拿捏了。就像我現在在拼事業，我一定不會跟我的營業額開玩笑，只要是面對時間上的安排調整或者是必須要做取捨，我或許會換個時間點去補償家人，畢竟在這個社會裡，錢不是最重要的，但是沒有錢卻萬萬不能，要保有家人一定的生活水平與幸福，還是要用努力工作的成果去換。我們只要練習「微調」

到大家都舒適的一個方式，這一點，保經可以給的空間相對是大的。

工作與家庭之間的平衡問題，是大家都會遇到的，但也不是家庭問題最主要的原因，我認為夫妻的相處是要互相的。男人在拼事業的時候，很辛苦。可能身為老婆跟女朋友會忍不住抱怨「怎麼都沒有辦法陪我！」我都會問她「那妳希望妳的老公的事業一到十分是幾分？」如果回答我九分，那要知道十減九只剩下一，那他陪妳的時間就是只有那一分。身為另一半就要清楚自己的配偶這樣忙碌的背後是為家庭去打拼，身邊的人第一需要體諒，第二則是可以商量好「家庭日」，這是夫妻之間要去做溝通的，並不是有了事業就沒有家庭。保險的好處是夫妻可以同步成長，想要出國也可以一起出國，這也是一般工作沒有的「福利」。

—同心協力把路走得更寬—

對於來到公司任職的業務員，我都會問他們同樣的問題「你認為老天爺為什麼會派你來到這裡？你希望在我身上學到什麼？我能夠協助你什麼？」選擇保經的人，不一定是新人，也有很多是具有相關工作經驗的，來到這裡，每個人都有保險公司的包袱，有很多保經的營業單位是不管的，但在我的單位裡，都是手把手在教。這樣其實是很辛苦的，照我的語言來說，只要我相信自己是對的，就算會累死自己，我也無所謂。我會覺得今天你信任我了只要你肯受教，那我一定要負責把你教到好。在我的認知這就叫做職業道德。我沒有比人家優秀，在行銷上我能給的就是經驗而已。

由於我們已經是老手了，與客戶間的應對在我們腦袋瓜裡早就已經演練過很多遍，一般我會想出對方可能會問的問題，然後準備資料佐證，過程中已經把流程在自己的腦海中跑一遍了，等我把資料以及所有的東西都確定好了，我去的時候會照自己的劇本演，可能臨場會不同，但我的邏輯一向都是這樣在進行，相去也就不會太遠。當然我們也是會有「說錯話」的時候，有時候一走出客戶的門，也是會怪自己，剛剛怎麼會那樣說，但我修正很快，如果有需要改進的地方，我會立馬調整，我可以做到這樣是因為經驗夠，我不會要求新人要馬上做到跟我一樣。如果是訓練新人，在他們出門「見客」之前，我會叫他們詳細地逐點寫下銷售行為步驟，讓他一步一步講給我聽，然後，再告訴他用什麼方式「開門」比較恰當。我會給他們建議，然後讓他們練習。正所謂熟能生巧。一般保險公司都會有晨會，每天早上去練習，不管講的好壞，都還有修正的機會與可能。

要讓一張白紙變優秀，有很多做法。但在開始之前，我一定先讓他安心。我會讓他知道，就算不懂也沒關係，只要聽話照做就可以。我會帶著我的業務員從 Case Study 開始，一步一腳印地走。跑客戶不是勤快就可以，一定要先了解對方的背景與需求，如果什麼都不知道，就算跑到腿斷也沒有用。我會先講一遍要怎麼說，如果需要出門見客戶，我也會陪同在一旁觀察業務員怎麼說，再做補強，我事後還會問業務員，這一整個過程從頭到尾看到什麼？講解說明客戶講的這句話或那些內容背後的可能訊息是什麼。我用這樣的方式來緩解業務員的焦慮。我以前嚴格到業務員在我面前哭，面對這種狀況，我會語重心長地告訴她們「沒關係，妳就哭吧！因為妳在客戶面前只有一次機會，我希望客戶透過妳買到該有的保障，而妳能夠因此收到該有的顧問費，所以**我寧可妳在我面前哭，也不要在客戶面前哭。**」

這樣新舊混雜的環境，我們面對問題必須要一一個別處理，如果業務員當下願意「受教」，我一定無私教授我的訣竅。如果真的無法馬上運用自如，那我也會建議他們先 COPY 我的做法。我們都知道，所有的事情都是從模仿開始的，就像小孩學說話一樣，我們學技巧，只要先照著依樣畫葫蘆，多練習幾次，等有了足夠多的經驗，到最後就一定會有屬於自己的一套。就拿我自己當例子來說，我以前是個不苟言笑的人，但是我現在會講笑話。我為什麼會學會講笑話？那是因為以前高中畢業的時候跟一票專櫃小姐混在一起，她們超會講笑話，每次講笑話，我就是負責當值日生的那一個。她們講完笑話，都會點名值日生，只要說「值日生！」我就負責笑。她們的笑話真的超好笑，慢慢地，我就從值日生變成講笑話的人。我們不是天生就會很多事，人生中有很多的能力都是練習來的。我還記得那個專櫃小姐叫做小珍，我會模仿她講笑話，雖然我講出來會跟本人不一樣，有時候也會卡卡的，但每講一次就會磨掉一點不屬於自己的東西，久了，就有自己的模樣。我是被訓練出來的。我會告訴身邊的人，我做得到，你們也都做得到！我會建議業務員，在還沒有自己想法的時候就先從模仿開始，盡量學，我不會介意也不會計較，我的東西到你那邊久了，等到你講了十個、二十個客戶之後，我的方法就會變你自己的，就看你願不願意去 TRY 而已。還是那一句，我能夠給的就是經驗，減少大家碰壁或者是被打槍的機會。

想要會行銷，說穿了就是這兩點：第一要受教。第二要願意改變。這個社會的步調越來越快，現在元宇宙出來顛覆了大家的思維，以後還會有什麼，誰也無法預料，所以我們一定要能跟上時代的腳步，尤其是保險這一行。老一派的人或許不知道外面世界正在變，原則上在他們的時代所習慣做的事情並不需要改變。但是這對保險二代就比較難，因為新的人就容易被檢視，更不能不知道現在的脈動與流行。以前去見客戶只要講保單，現在我們去客戶那邊，可能要能夠講魷魚遊戲才有辦法搭得起話來。

多數人的家境都是小康人家，沒有辦法擁有高被動收入跟鉅額的世襲財產。但是，我們可以思考的是，我沒有富爸爸，我如何把自己當成富爸爸？在保經這個區塊，就可以做到。不管是經驗老道的老鳥，還是什麼都不懂的菜鳥，在保經都可以有更大的發揮空間。除了新人，還有很多實戰經驗豐富，甚至是一哥或一姊的資深前輩也選擇到我們公司，就是因為這裡可以看見更多的可能性。像是我們公司有個位階跟資歷都很高的前輩，原本是希望我跟她到大陸開展事業，我卻覺得現在保險已經不適合到大陸了，然後我跟她分享了我在大誠看到了什麼，希望她有空可以來看看。我的初心只是希望這位前輩姊姊心中多一個備案，因為她真的很優秀，也一直都做得很不錯，當初我剛進保險業，主管還特別帶我去跟她認識，我也聽過她的課，因此我希望她能有寬廣的舞台，這也要感謝王文全董事長與董娘的支持和莊副總的協助，果然到了大誠之後她有了更大的發揮平台。

前陣子這位前輩升上了副總，在頒獎的那天，她特別提到了我跟她的緣分。我很感動，因為我的起心動念往往很單純，只要覺得這是對的，是我該做的，我才不管別人怎麼想。與其說我是個細心的人，不如說我貼心，我會顧及別人的感受，所以，我也都沒有提到過，但很多事情是不能看表面的。人在做，天在看，我們對人如何，別人自然點滴在心。我替她開心，也替自己選擇現在的環境感到與有榮焉，因為這裡海納百川，能夠允許白紙的無限制實驗與挑戰，也能讓高手無障礙發揮專才，一起成長，一起共好、共榮。

第七章

—站在保險的肩膀上行善—

由心智而生的理想可以帶給你漂亮的城堡和駿馬，

但只有由心而生的理想可以帶給你幸福。

羅伯特 · 費希爾《為自己出征》

一段挑戰 MDRT 的歷程

人生如果只有玩而沒有奮鬥目標那多無聊

我鼓勵我的夥伴一定要去拿一個國際 MDRT 獎項。在台灣，沒拿過 MDRT，不要說你在保險業有多麼出色的表現。你可能會說 MDRT 不過是個資格，又不代表一切。沒錯 MDRT 不過是一個在業績上的肯定，但是，不管有沒有拿到過，有多少人真的了解 MDRT 是什麼？我們為什麼要拿 MDRT？

對很多從事非保險業的讀者來說 MDRT 就是個名詞，能拿到 MDRT

就是很專業的保險業務員。其實 MDRT（Million Dollar Round Table 百萬圓桌會）的起源是在 1927 年，有 32 位人壽保險年銷售額達到一百萬美元以上，且擁有共同信念的卓越人壽保險銷售員，啟動他們的夢想催生了 MDRT。之所以被稱為「百萬圓桌會」這是一個專門用於培養人壽保險銷售與服務的高標準國際論壇，能進入的人都必須要有年百萬以上的業績。他們相信成長是交流想法的結果，為了得到，每個人都必須給予。這個弘大的信念我似乎並沒有在台灣感受到。誠實說，在台灣 MDRT 似乎只是一個業績的勳章，怎麼來的好像不是那麼重要，讓人感覺銅臭味有點重。直到我真的去美國參加 MDRT 年會，我才感受到真正的 MDRT 精神在哪裡，可以說 MDRT 超越了我的想像。

第一次接觸到 MDRT 這個名詞是我剛入行的時候，看到同業的書上寫著 MDRT 心裡很好奇，我問同事的時候還被潑了一盆冷水，他們跟我說「別傻了！妳做不到的！」後來我跟之前的同學，也是賣我保單的業務員提起了 MDRT，他說：那又沒什麼，我們每個人都是 MDRT，我們都沒有花那一萬多塊去報名了，妳就不要浪費錢了！不管他們怎麼說，從那時開始 MDRT 在我心裡種下了一顆種子。

我總覺得 MDRT 就好像是電影界的奧斯卡，至少要得過一次。就如同那句大家耳熟能詳的廣告詞「鑽石恆久遠，一顆永留傳」，我至少要得到過，不然要流傳什麼？所以我自己去查 MDRT 要怎麼申請，我又自己去跑流程，還自己叫 DHL 寄件。當時的主管笑著跟我說，他從事保險這麼多年，我是他看到過第二個自動申請的人。

我在三商人壽的時候雖然有達到業績，但是我並沒有參加 MDRT 年度大會，因當時的我，英文不好又找不到伴人生地不熟，所以「到國外」

這件事情讓我望之卻步。但是到了友邦人壽，每天進公司就會一直聽到MDRT那時候還想，這間公司怎麼這麼奇怪，走到哪都聽得到MDRT，環境對人的影響是無庸置疑的。說來神奇，那一年的MDRT在進友邦的第一個月就達到了，這並不是因為我有多麼渴望，而是因為我承諾之後使命必達。

進友邦人壽才十幾天，同事便問我要不要一起去蘇美島，其實我並沒有興趣，後來經不住大家遊說，我又跟自己對話：十四天拼一個MDRT，要拼到四百多萬的保費，而且是長年期的，拼不拼？通盤思考完之後，我告訴自己，拼！於是，同時達成了國外旅遊與MDRT，我在友邦更因為這樣一砲而紅。

一句話，拼了！

我的個性相當義氣也很重承諾。剛進友邦的時候，就因為這項特質，我在因緣際會之下拿到了第二個 MDRT，後來更因此挑戰了不可能的任務，創下了最短時間達到目標件數的紀錄。

「陳玟君，可不可以請妳幫個忙？但不勉強。」同事跑來私下跟我商量。

「什麼忙？」我的個性仗義，所以，對於「可不可以請妳幫個忙」這句話，沒有太大的抵抗力。

「可不可以請妳幹掉他？」

有生以來第一次有人請我「幹掉」另外一個人，這讓我差點冷汗冒出來，還好我不需要用真槍實彈解決掉對方，我只要把件數拼出來就好。他們之所以有這樣的請求，是因為當時有個小男生太臭屁、目中無人又想要跳槽，跟這些「前輩」們的應對進退越來越不厚道，就算請他到家中談到深夜也不能改變他的去意，甚至還當場嫌氣他們是「老人家，一點用也沒有」。雖然知道比賽不到幾天的時間就要截止了，整整還差上八十幾件，坦白說難度相當高，但是大家就是嚥不下那口氣，於是，他們跑來請我幫忙，由衷希望我不要讓這個人得逞。我後來想想，要這樣拼也太煎熬了，於是我又開始跟自己對話，為了尊嚴幫不幫？我有多少時間？可以做多少事？我要怎麼把件數拼出來？

等我確定要「撩落去」之後，就對大家說：我來！但你們要幫我一個忙，不能讓他知道我要拚，件數我會一次給你們，如果碰到在截止日的時候，核保就是你們要負責的事了。算一算，我能用來幹掉他的時間只有七天，這意味著我只有一個星期的時間幹掉他。但不到最後一秒，誰知道結果？我的個性很簡單，承諾之後，就義無反顧，一旦我確定要參加競賽，我就不會退縮。更何況這種拼是拼尊嚴！

那段時期是我做保險以來第一次拜託客戶幫我買保險，不管是儲蓄險還是意外險，什麼險我都來者不拒。客戶還笑我怎麼會輪落到要做件數。多虧美髮院出身的人都是差不多的個性，聽到我拼件數的原因之後，二話不說，情義相挺之餘還帶我去跑客戶。我的那股拼勁，現在回想起來都覺得不可思議。還記得當時要簽一張單，在我要拍照並上傳客戶跟保單相關資料時，發現我的手機不見了「等我！我馬上回來！」我就這麼丟了一句話，要對方不要跑，簽名了再走，我就衝去最近的電信公司止付，然後當場買了隻新手機，回來再把單子完成。我剛在臉書說我手機不見了，貼文底下還一堆人正留言告訴我要怎麼處理，等任務完成回到家之後，我才發現我的手機一直躺在袋子裡，看了自己都搖搖頭笑了，或許廢寢忘食就是這麼回事吧！果然，一星期到了，我如願達標，從那之後，陳玟君就打響了名號。

MDRT的全人精神與高手思維

我在友邦用最短的時間拿到了MDRT可以說是一戰成名。第二年，友邦辦了總裁盃競賽，當然，我也贏得了比賽，那一年，我跟著大家一起進了MDRT的會場。原本是抱著有吃、有玩、有頭等艙可以坐「郊遊」的心情出國，一進到會場才發現好可怕到處都是人。

在台灣可能會覺得，哇！能拿到MDRT好跩喔！但是去了一趟國外就會發現MDRT根本不是那麼一回事。在美國的會場裡，手扶梯上，眼睛看到的全部都是 MDRT。就因為每個人都是 MDRT，所以只拿自己是 MDRT 來說嘴，根本就沒有什麼了不起。我覺得最了不起的是，雖然他們每一個人年資與財富都比我們多，可是他們展現了虛心的態度、盡力提攜後輩與無私分享，這一點與台灣相當不同。

我很感謝友邦讓我有這次的機會見識全球 MDRT 的風範，雖然是要比公司的面子，但是讓我真正感受到了能者的視野與高度，也讓我知道，我們不只是要賺很多錢照顧家人之外，還可以做公益幫助別人。在台灣有很多人捐了錢就覺得自己很了不起，但在 MDRT 的場合裡，我看到了這些富有而且有成就的人盡心於社會貢獻，他們不僅捐錢行善，哪怕是捐學校的也大有人在。有人問我，從 MDRT 回來後有沒有因此而改變？我認為在行銷面上並沒有太大改變，但我感受到了「越厲害的人越謙虛，越無私奉獻」。我常感謝老天爺讓我成交比別人快，我覺得老天爺是希望幫我節省下來一些時間讓我去做一些公益，不然我憑什麼成交得比別人快？我又沒有比別人漂亮或者嘴甜，別人需要十次才能成交，而有時候我只要兩三次就可以了，這並不是我比別人厲害或者會銷售，而是老天爺給我方便，讓我能夠在這個舞台上發揮我的影響力。

我會鼓勵大家去挑戰 MDRT，不是因為頭銜，而是當我們參與過、擁有過，才會知道原來是這麼一回事。MDRT 除了是一種自我努力的肯定與榮耀，在 MDRT 的會場上認識更多不同國家的高手，這樣在世界各地都會有朋友，加上現在網路發達，人脈網路就更結實寬廣。高手都不吝於分享，並不會藏私。誠實說，能夠成為 MDRT 的人本身條件就比別人好，在耐挫力上也比一般人高。台灣也慢慢的往國際 MDRT 看齊，也越來越多人願意挑戰 MDRT，因為當一個人看過場面後，回來若再面對同樣的事情，胸襟或態度會改變很多。

論經歷，我也算資深「老人家」了，到最後我個人覺得在保險這一行真的是心法大過於技法。全世界頂尖的 MDRT 在領導與增員上遇到的問題都一樣，包括人要怎麼帶或者對年輕人一代不如一代的感嘆等等。除了稅的不同，其他問的問題都是雷同的，而他們的回答也都大同小異，我發現，進入 MDRT 之後或許對於本身的行銷技巧不會有太大的變化，但帶給我的衝擊是內在的改變。行銷高手群聚的場子，身在其中更可以感受到那種氛圍跟學到更多的包容，所以 MDRT 改變我的是一種對人的態度。我從 MDRT 回來之後常會思考，當我們面對客戶時可以再慈悲一點？對同事可以再善良一點？行善事可以再多做一點？對需要伸出援手的人可以多談一點？

—成為公益路上的MDRT—

MDRT的確超乎我的想像。如果說MDRT給了我什麼，我可以很肯定地告訴大家，不是虛名、不是榮耀，而是打開我的眼界讓我知道，我能做到的不只有保險，我可以站在我的角色與高度，為這個社會做出更多的付出與幫助。也讓我更加肯定自己對於「天命」的實踐。

「何謂天命？那就是你一直想去做的事。」曾經我因為很努力讀書，因為那「最低稅賦制」的解說，讓我簽到了兩千萬的單子。當我領到人生當中的第一筆百萬的時候，我並沒有高興太久。當刷完存摺看到那七位數字印在儲簿上的時候，「喔！一百！」當下的心情就是開心，但一下子，那種雀躍的感受就蕩然無存了。坦白說，那種興奮還比不上當初我領到十萬元的開心。我以前只要能領個十萬、二十萬的業績獎金我都會開心很久想到就笑。但這一次就只開心了那一下子。雖然我沒想像過領到一百萬的心情，但想想怎麼都應該不是這樣地平淡。我仔細爬梳過原因，照說我那樣努力跑業務就是為了要有業績，更何況是被債壓得快喘不過氣來的我應該會激動得要命才對，我怎麼會一點也開心不起來？就因為這樣，我才發現我長大了。我回過頭來才發覺我的薪水可能是人家一輩子的錢或者是要努力很久的錢。我去喝碗豬肝湯，看著有個阿姨辛苦洗著碗，要洗那麼久才領那一點錢，我去簽幾張保單就能領到一百萬，我何德何能可以領一百萬？我憑什麼？那時候我就覺得，我要協助更多人。這是老天爺給我的「天命」。我不會以業績上的MDRT為傲，但在公益路上，若能成為善行善舉的MDRT，我會覺得無比光榮。

為愛而划

我們「愛人家族」莊盛智副總與團隊夥伴們及客戶發起了「為愛而划」幫助台北景美忠義育幼院的小朋友募集教育費用。且承諾「我們會一直划下去」所以，從第一次下水，這個活動就不曾停過。還記得，那一年我們要組隊參加划龍舟，但是沒有人想要參加，選手要想辦法自己找隊員，有時出錢請人都不一定請的到人來划，但又「不准停」，想破腦袋都不知道該怎麼把人湊齊。「當你真心渴望某樣東西時，整個宇宙都會聯合起來幫助你完成。」

老天爺總是很幫忙。

那時候在外商保險公司，外商總是要英文，英文是剛需，所以同事連我一共三人就一起去補英文。整個教室裡，包含老師在內只有五個人。

「要跟我們划龍舟嗎？」我不加思索先問再說，英文老師很愛運動有興趣也就答應一起下水。我真的想補英文，但是沒時間，所以我只去上了一堂課，卻將全部跟我一起上課的人都帶去划龍舟了。從那次開始，每年我們都划，到現在還在划，後來老師開玩笑跟我說：我怎麼覺得妳不是來上英文，妳是來招生的？我很感謝那一年都是老師的朋友來幫忙的。我們也沒想很多，只是因為有龍舟高手夥伴，就順便募款，也把參加費用捐出去。那一次就募得了 250 萬元，全數用來資助育幼院。

我們希望在會場傳達的是「我們是為愛而划」。一開始很多人會冷嘲熱諷，說我們沽名釣譽。但我們只要有下水就有五千元，那五千元就是直接匯給忠義育幼院，所有出力的人也都會拿到捐贈的收據，謝謝大家出錢出力。不管有沒有比賽或者比賽的結果如何，這份善舉是一定會執行的，就像 2021 年雖然翻船了，但我們還是把五千元的經費捐款給育幼院。我們要傳達的是心意：我們不需要等很有錢才來做善事，也不是捐兩百萬或一千萬才叫做做善事。行善可以跟保險結合，這就是愛的意義。

讓善意更全面

我們每個人都一樣，都無法選擇自己出生的家庭，育幼院的孩子也是，而教育是唯一可以翻轉他們人生的機會，所以我們能做的就是幫他們募款教育費。我們為忠義育幼院的小朋友募款及活動一直都沒有斷過，客戶也很支持。我們客戶公司的場地，沒有舉辦活動時會把公司場地借我們辦活動與演出。我常開玩笑跟他們說：一年又到了喔！要付奶粉錢囉！（捐款給育幼院）客戶就會跟會計交待捐款。我們也會在門票上替客戶刊登贊助廣告，雖然不知道這樣做的效益高不高，但是這就是一種互相幫助，大家的出發點都只希望育幼院的孩子能有更好的生活品質。

如果劇團、蘋果劇團都是我們支持過的表演團體。我們邀請如果劇團跟蘋果劇團加入我們的行列，我們將善款再利用去幫助想圓夢的人。客戶花五百元就有一張「親子券」可以帶孩子來看表演，除了捐贈收據，更可以跟小孩培養親子關係劇團又能得到支持，這是一種「三贏」的作法。去年因疫情關係停演，但這樣的活動還是會繼續。不僅客戶可以帶孩子觀賞表演，我們公司同仁也可以帶孩子去同樂。同事聽到自己的孩子跟自己這麼說：爸爸，我覺得自己很幸福。覺得很感動，也覺得自己公司的善舉特別有意義。

我相信，每個孩子都值得被愛。我們希望能夠幫助小朋友做很多事，讓他們的生活盡量完整。育幼院裏的孩子，家庭都不是很健全，最嚴重的，有些家長因為自己本身吸毒而生下腦痲的孩子，卻無法撫養他們，而這樣的孩子多數會由外國人來領養。曾經有兩位可愛的小男孩，因為母親不肯放手，失去很多被領養的機會，一波三折後也順利被領養。拆散是不捨得的，但真心為他們高興，因為他們的人生因此就會變得不一樣了。不管別人怎麼說我們，作秀也好，想要出名也好，我們開心地去做，我相信只要是做善事，不管是什麼宗教，老天爺都會幫我開路。

線上課程與公益講座

一開始，我建立了一個「愛社團」，讓大家可以一起交流分享心得、課程與正面教學的文章。我很怕人家說我創「愛社團」是為了要賺教育課程費用。我希望大家可以不只是為了追求有形的物質，在精神層面更要富有。這個平台上的老師都是我上過課的，每個老師都很優秀也很疼我，老師們需要平台，我希望大家有好的學習資源，一直思考到底該怎麼做，一位睿智的朋友提點了我「妳有沒有想過？老天是希望透過妳的平台去幫助更多人。」所以我跟老師溝通，希望老師費用不要收太高，讓需要的人可以有地方學習，只要老師ＯＫ，我們就辦課程學習。

除了線上課程，也辦公益講座。這是完全免費的。有一次我請一位拍攝 Discovery 影片的導演來上課，他的粉絲當場問我，「妳辦這個活動的目的是什麼？」

我問她，「你要聽真的還假的？」對方表示當然要聽真的。

「很簡單，我沒有目的。」聽到我的回答，她露出了一個不相信的表情。

「我唯一會讓人質疑的是因為我是做保險。妳從進來有付錢嗎？有沒有留資料？我請妳簽名的這張卡片是我們等一下要送老師的紀念。」

聽我說完，她一臉訝異的說：「像妳這種人已經絕種了。這些餅乾跟飲料都需要錢啊！」

我說：「我知道，這些我付，我沒有要大家出錢，我只希望大家能夠共好，這樣我們就能越來越好。我相信妳問了很多人不敢問的話，請老師做公益講課這一方面，我始終如一，從沒跟大家收錢，會看到保險公司的名義是因為我在保險公司上班，我可以跟公司借到場地，我只需付點心、飲料錢，這是我可以做到的。」我分享了許多資源給同業，有人很開心，當然也有很多同業覺得我很奇怪。但是在我看來，每一種制度都適合每一種人，我開放給大家聽課是因為我想協助大家成長，並不需要過度想像。也希望能拋磚引玉，希望大家一起行善，總要有人先做點什麼，對吧？

啟動善的循環

幸福好野人

我想讓「助人」的事情發揮正面的影響力，所以我每天都會在臉書上貼文，我的客戶相當支持，也有很多客戶會回饋我「早上起床都會先看妳的文章。」一起初，我希望把自己的行銷經驗跟大家分享，讓大家可以改變。後來，成立了「幸福好野人」粉專，定時在裡面PO正面的文章，當然也會有人說：啊妳每天PO這個沒有用啦！同時，也會有人告訴我，當我們的生活遇到挫折，妳的文章就是我最大的支持。謝謝妳每次都鼓勵我們。記得有次我寫了一篇文章，主要告訴大家「請不要在有情緒的時候決定任何事情。」雖然一開始在發文的時候，我並沒有多想，只是單純分享自己的心得，後來卻有人私訊給我「因為妳一句話，我才沒有做傻事。」我當下很感動。因為現在的人很ㄍㄧㄥ又沒有管道可以抒發與求救，所以我每天PO一些正面美麗的東西，希望帶給大家正能量。我以前每天PO文，現在會週休。老天爺真的都在看，每當我工作很累的時候，當動了念想要停止，就會有人來給我正向的回饋，讓我有力量繼續下去。

把愛傳下去

這場疫情來得突然，很多人的生活跟職業都受到影響，甚至讓多人活不下去，我看臉書的時候，看到很多很辛苦的人，於是我決定捐錢給這些需要幫助的人。雖然這次的疫情同樣也影響我很大，我也幾乎兩、三個月都沒有上班了，但捐不捐？捐！我還是會去做這樣的事。我媽媽說：「我們又不是很有錢的人，這些錢拿來繳房貸不好嗎？」我也知道把這錢拿來繳房貸，我下個月就會很輕鬆，但我還是心無懸念地捐出去了。因為這錢在我手中就是錢，但是我選擇捐出去，很有可能這些錢會救到人家的命啊！這就是金錢的能量。我以前也被幫助過，所以我能懂得那種感受，我相信當我們把愛傳出去，循環的力量是強大的。而且，我相信只要我努力，老天爺一定會把這筆錢補給我。老天爺不一定讓我們的愛心用金錢的方式回到我們身上，祂有可能回饋的是更多好的結果。我雖然沒有很多錢，但是我每天都有目標跟動力。我並不羨慕有錢人，因為我的命也沒有差到哪裡。我知道沒有辦法嫁入豪門，因為我的個性不適合當豪門媳婦，但是我可以把自己變成豪門，因為，我想擁有更多的資源，讓愛的圈圈無限擴大。

接班人計畫

我一直相信每個人都有可以影響的人，你、我都是。所以，我們一定要做些什麼。

我感恩上天給予我豐盛的生命歷程，我很滿足。如果問我現在有沒有想要完成的心願，我想，我比較在乎的是在人力招募這一塊，因為我想要將經驗傳承下去，我想要把自己的體驗、行銷經驗用在協助他人上，說不定也許就因為這樣，有些人一輩子將變得不同。我不知道會是誰來到我的生命中，但如果可以因為透過我，傳承了經驗，去做一樣的事情，把自己先顧好，然後在過程中再去幫助其他的人，我心信當這愛的種子被種下之後，就會生根發芽，強壯的生命與善念會再將更多的愛傳出去。

所以，尋找「接班人」，是我的下一個目標。在二〇二二年，我想要找十個「接班人」，他們不一定要是多麼厲害的人，但他們是我可以幫助的人。我想把我的行銷經驗傳承下去，讓他們可以成長自己，繼續發揮影響力。帶著他們去體驗，遇到挫折不要怕，只要想改變，願意去行銷，人生就會大不同。把愛傳下去，難不難？不！就是一念之間而已！

第八章

—君式心法—

「你的心在哪裡，寶藏就在哪裡」

牧羊少年奇幻之旅

由內而外的強大

多數人都希望外求，但是內求的力量才是大的。

當遇到不順遂的事情，年輕的時候，我可能還會藉菸酒消愁，順帶抱怨兩句，現在的我會跟別人說：「你要想辦法把自己變強大一點。尤其是在心靈方面要強化一點。」我鼓勵大家跟自己對話。我自己就經常跟自己對話，我可以不管別人說什麼，但是一定要傾聽自己內心的聲音。人雖然很在意別人的想法，但最在意自己的感受，不管發生什麼不愉快的事情，第一個要搞定的一定是自己。**每個人要解決的問題都很像，我們唯一能做的就是讓自己強大。**

我客戶常跟我說：陳玟君，妳來台北這麼久了沒有被污染！妳要繼續保持這個純真。我覺得我能保有純真不變是因為我的「劣根性」比較強吧！我不太在乎別人說的話，以前我上班的左右手會來跟我說，那個人說妳什麼，另一個人又說我怎樣。有時候她們會比我還氣，而我反而無動於衷。她們看著我沒反應，問我，「妳怎麼都沒有感覺？」誠實說，人怎麼可能沒有感覺？但我會去思考：第一這個人在我生命中很重要嗎？如果他不重要，他的話又怎麼會重要？第二他了解我嗎？他根本不了解我，他的話我何必在意，等到時機到了，自然就見真章。

我們不可能做到每個人都認同我們的想法及做法，因為這樣就失去自我了。當別人好意跟我說哪裡該檢討的地方，我會認真去傾聽，也會去思辨。如果是我個人有些需要改變的地方，我會告訴對方，「我會改變，但是請你給我時間。」如果這個人對我並不重要，他說的話，我僅供參考。有的時候是對方真的太閒了，會傳話傳到最後就會變得誇大，那樣的話語到我這邊就會停了。我覺得在乎別人的耳語，並沒有任何意義。有時候聽多了旁人問我為什麼不生氣，我會告訴他們「這些人對我不重要，我幹嘛要跟他們生氣？又不是生氣就有一百萬。如果他在我人生裡一點也不重要，他也算不是咖，我為什麼要降格跟他計較？」

在美髮院工作的時候，我要聽N百個人的聲音，如果每句話都聽進去，那我根本就沒有辦法做事情。如果有說到我不對的，我會修正，但是其他的部分只要是對的，我不會改變。我只要確定一個目標，就堅持往前，我堅持做對的事情。當然過程中還是要常常回頭問自己「為何而戰？」以及「妳有多想要？」人只會先為自己。所以，在拼搏的過程中，一定要一直不斷確認自己的初衷與本心，不然到中途受挫就會被影響，甚至就放棄了。

——轉念與修正——

不管上天給我們什麼，要去思考背後的禮物是什麼。我一路走來，越走越覺得人是渺小的。就像我當初面對接二連三的債務，喊著：媽的，要嘛！就一次來！結果老天爺就讓我全部一次來。當面對挑戰的時候，就像打怪一樣，只要闖關過了就升級了。不管每個人當下都是痛苦的，但要去看到背後的禮物，所有的遇見都有他的祝福，轉念就很重要。這不是唱高調，大家都說要轉念，轉念那麼容易嗎？坦白說，不容易，我也是人，丟了錢，我也會不爽。當面對股票市值一夕間憑空消失五十萬或借人家幾百萬，然後被倒光，有人可能會傷心很久，甚至從此一蹶不振。問我，我會不會難過？當然會啊！但是我會跟自己講，是自己犯了貪念，不能怪別人。也會跟自己說，沒關係，錢帶不走，再賺就有了。但如果這筆錢當時是可以救這一家人的，那值得。我會逼自己這樣改變思維，迅速轉念。我不會跟自己說：下次不要這樣囉！我會堅定地提醒自己「沒有下一次！」只要當下決定好了，我就不會再想了。做美髮講師也好，擔任教育部經理也好，在業績、時間、人與人的互動上，不管承受什麼樣的壓力，我都必須要克服，要做得比人家好。我沒有什麼比別人厲害的地方，我唯一比別人強的是，我轉念的速度比別人快。我就算決定了之後反悔，我也會跟自己說沒關係。這一點我比男人還男人。我很清楚，明快才能做事。尤其是年紀越來越大，我就越來越珍惜時間，現在轉念速度更快。

除了轉念，要迅速做到角色的切換與情緒的抽離，這也是一種「轉」。誠實說，這一點相當不容易。我是公私十分分明的人。以前在日式威廉帶團隊，底下的人要製表上呈，我就會用鐵面教官的臉看著他們問「這是最好的嗎？」他們會默默地拿回去再三確認，一般人都覺得我很殺，尤其是以下屬角度看來更是，但是等到我離開辦公室之後，我就會完全變成另一個人，開心地跟同事打鬧、聊昨天的電視劇演了什麼，比較熟的同事常說我「人格分裂」我覺得是我的「on」跟「off」太清楚、切換的速度很快，所以，大家會一下子無法適應，畢竟一般人無法切換這麼清楚。尤其，容易受到情緒影響的人，更難想像我怎麼能如此，但是，這就是我的強項，情緒與角色轉換的快速，讓我在工作上穩如泰山，堅若磐石。

轉念與修正，都跟「改變的勇氣」有關。**我很勇敢，尤其是在「改變」這一塊**。我回顧人生，有些點真的是成長點。這一段在分享的時候我都會刻意去講，我以前是很主觀的，說句不客氣的，是很「鴨霸」的。

而我從來沒有發現我的個性上的缺點，直到我高中的時候，有一個女生跟我熟了之後，對我說：妳知道嗎？妳以前剛來班上的時候，我們都很想「蓋妳布袋」誒。我聽到相當詫異，我這麼俠義的個性，怎麼會有人想要蓋我布袋？她說：妳初期來的時候很機車，動不動就指使別人做東做西的，懂妳以後，知道妳不是那個意思，妳是好意的，要讓事情做得更順利。那時候的我才發現，原來「善意」如果沒有明確傳達出去，那麼造成的誤解恐怕難以想像。聽完之後跟同學說：「如果我個性『牙』起來，妳們要提醒我。」之後就很刻意地練習說「請、謝謝、對不起」說話的方式也從「某某某，掃把拿來。」變成了「某某某，請幫我拿那隻掃把過來，謝謝。」那是我第一次刻意去改變自己。剛開始她們好不習慣，我告訴她們，因為我們都還在唸書，妳們有時間認識我，但是，一旦出了社會，工作上沒有多的時間讓別人認識我，所以我一定要現在就開始改變。」

人與人的相逢有時候往往就是那一次的機會，我們不一定有辦法讓對方認識「真正的我們」所以，與其表現出特定的人格特質，把自己變成那樣的人是最快、最直接的方式。遇到不好的地方我就改，我們一定會越來越好。也不需要花時間去修正大家認知的落差。改變自己永遠比改變別人快且容易，這需要改變的勇氣。但我們往往也發現，一但我們鼓起勇氣改變，去轉念或修正，別人看我們的想法也跟著改變，我們所身處的世界就跟著改變了。我以前抽菸抽了二十幾年，當年每天要抽兩包菸的自己，跟現在不抽菸的也是自己。人沒有絕對，每個人都是不斷在成長。在每個階段跟經歷裡都會面對挑戰，我們有沒有因此蛻變與成長，這就是差異。

溫暖與誠信

我不業務客戶　我給溫度

除了每年三大節日一定會做的祝賀與問候以及過年會送客戶桌曆、年曆之外，一般來說，業務會做的，我幾乎都不會做。我並不會在平常時間特別互動，但是我會為顧客分群、分類。這並不是對客戶有「差別心」對他們有不同的對待，而是我會針對不同的族群，給予不同溫度的關懷。比如說，天冷的時候，我會特別關懷老人族群的客戶，要他們記得保暖。而在情人節的時候，我會特意傳給單身客戶像是「情人節快樂一個人也可以過得很快樂」這樣的訊息，去關心單身族群的心情。我會試著給這些人一點溫度。畢竟有些人的內心是很脆弱的，有時在街上看到雙雙對對會難過，更何況是這種無敵放閃的時間。不知道是不是我已經過了「為愛情而活」的年紀，我比較不會羨慕別人成雙成對或者對自己一個人自哀自憐，但是我會同理「同溫層」。我不知道可不可以給他們溫暖，但是我可以給一點溫度。而這點溫度，就讓我跟其他人有所不同。有個客戶，是位七十歲的大姐，常常掛在嘴邊的口頭禪就是「我忘記了。」常常忘東忘西，是我的重點「提醒對象」，在變冷的時候，我會提醒她保暖，還會交代她「太冷了，妳不要出門喔！」有時，她忽然收到被刷了一筆卡費，不知是何緣故，就會打來問我。我就會去幫她確認。有時候當然也會覺得有點煩，不過換個角度想想，我會跟自己說，人家這樣依賴我就是表現出她們對我的信任。我怎麼能夠不開心？我開心極了！因為信任，這位大姊逢人就推薦我，要人家跟我買保險。

誠信是我的金字招牌。大部分想要被協助或者是想要講心裡話就會想到我。只要對方跟我交代「這不能講！」那麼我就打死也不會講出去。我知道很多有心人士有時候會透過這樣去傳話，但在美髮院工作的經驗讓我知道「傳話」這種事到最後會「走鐘」而我相當不喜歡惹事生非，所以有些事到我這裡就停了，除非對方授權，不然我絕對不講。也因為這樣，很多人一有「疑難雜症」都會找上我，以前在日式威廉工作的時候，她們會笑稱我的辦公室是「里長辦公室」。很多人抓到機會就一直進來跟我聊，我的辦公室跟心理咨詢室沒有兩樣。我的辦公桌正後方有一塊《心經》的板子。

有時候我很忙，或者是來跟我講話的人情緒很激動，我都會跟她說，「等一下！把《心經》唸完再跟我說。」有時候她們跟我講電話到凌晨，一邊說一邊哭，我累到眼皮都快睜不開了，還是不敢把電話放下，我怕她們一不小心有了壞念頭，只好忍著繼續聽下去。當然，這是一點，更重要的一點是，我覺得別人肯把心事跟我說，就是一種信任。這種信任是相當重要的。誰不愛面子？誰願意講自己的糗事？以前要看我哭或者是要聽我講自己的事情，那根本是不可能的。我根本不會講，但是我看了《為自己出征》一書，開始懂得柔軟與放下，也更懂得同理別人。

—主動創造與做對的事—

我們在人生中都會遇到許多的挑戰，我常告訴夥伴，當你不需要面對太多挑戰而可以做選擇的時候，就要趕快去做！當你決定要往前的時候，就要勇敢往前！當沒有什麼的時候，就主動去創造。很多同業會抱怨「我沒有客戶！」對！沒有客戶，那要怎麼栽培？要怎麼突破？很簡單啊！你喜歡什麼就去參加什麼社團，這本來就是你喜歡的，你就去，然後全心參與其中，你的威脅性就不會那麼強。藉由上課過程大家就會互相瞭解，也就順理可以慢慢經營。但如果這個項目或活動是我不喜歡的，但必須要硬逼著自己去做也會很痛苦。只要是做自己喜歡的事，就算沒有賣到保險也開心。做到了自己想做的事情，就沒有那麼大的目的性，當你的企圖與侵略就會降低，別人就會對你敞開心。在一陣子之後，人家可能會問你在忙什麼，或者當你偶爾缺席，就會有人問，那麼就會跟你的職業鏈結起來順理成章。

說真的，只要在保險這一行升到了主任或者是經理，千萬不要告訴我你沒有客戶，不可能會沒有，只有自己要不要去跑而已。像過年這個時段就很好談啊！我們都會送送桌曆或年曆給客戶，或者辦點事的時候順便去拜訪一下客戶，這些都是談話的好時機。我最喜歡客戶問我：妳在忙什麼？這樣我就會分享我最近學到的事情，有什麼樣的新保單推出等等。那客戶沒有Q我們怎麼辦？這時候，我們就要懂得自己Q啊！我們也可以自己開口說，最近忙死了，都在忙哪些哪些事，這樣也是一種自然而然地分享。

當我在準備國考的時候，客戶問我在忙什麼，我會說：我都在背法條給菩薩聽。我這樣做，第一個是讓客戶知道我們還在，第二個是讓客戶知道我一直都在學習。對於我這麼好笑的回答，客戶通常會問為什麼，因為念經給菩薩聽是常理，念法條給菩薩聽就令人好奇，這就可以在接下來分享，然後有時間就可以多聊，也可以順便知道對方的需求在哪裡。讓客戶知道我們在幹嘛是很重要的。幾次的分享下來，當客戶認同你的那一刻，就是送建議書的時候了。

沒有客戶就去刻意經營，沒有機會就刻意去創造。然後堅持做對的事。有人問我：「我要做多少努力，才能讓我的客戶認同我？」坦白說，現在的大環境有一點薄弱，已經不能只靠做轉介紹了，也就是說，要學會用口碑來代替轉介紹，而要做到這一點，相對的建立個人品牌就顯得很重要。就像我一直認為要比較商品是比不完的，我做保險比的是服務。所以我堅持做對的事，服務不含扣。有一次一位朋友想跟我買保險，他姊姊也在場「護航」，開口就問我：妳想退我多少佣金？我跟她說：不好意思，我一塊都不會退。」

「這麼硬？」姊姊還是不死心。

「那妳覺得退多少合理？妳想個數字兩千、三千我都會給妳，但是妳要寫一個切結書，以後所有的理賠跟服務，妳都要自己來，如果妳要退，妳就簽個切結，不好意思我只能做這樣。」說完，我就回去了。

事隔三、四天之後，想說這個單子應該是飛了，結果還是叫我回去簽名。果然，對的事情，我們還是要堅持。我認為我賣的是服務，我相信我的理賠絕對不會比別人差，我不會因為要賣保單頻繁出現，也不會因為理賠就不出現。我的服務會跟客戶同步甚至早一步，像我的客戶去剖腹產，還沒出院，我的卡片跟禮物就到了。所以我絕對不會用「退佣金」來換保單的成交。就像我們不會去香奈兒殺價，因為在那種地方殺價是掉了自己的價。所以，品牌定位一定要先 Hold 住。要有我就是那個百萬櫃姐的態勢。只要能做到這一點，我們就淘汰掉很多不屬於自己的客戶了。相對的，不管大單小單，每一個人給我單我都很開心，在不要給客戶壓力的過程中，客戶在我們成長的過程中就會給我們機會。

──無所求，有所得──

我做很多事情，都是「無所求，有所得」。

關於離職的事，我並沒有對外公布，我人也還在台南。但就在我剛離開美髮院職場的第一天，電話就來了。

「阿力五要緊某？（妳還好嗎？）」

「某要緊啊？那誒要緊？（沒關係啊，怎麼會有什麼事？）您怎麼會打給我？」

「我都有在關心妳啊！我消息很快的。我沒有打電話不代表我不關心妳啊！我只在乎重視我重視的人。什麼時候要回來台北聊一聊？」

「謝謝！承蒙看得起，我會把您的話放在心裡。」

老人家很厲害，老人家這句話「我都有在關心妳」，我有學起來。我事後問了他一個很沒禮貌的問題「為什麼每個人都這麼疼我？這麼看得起我？都希望我去公司上班？」

「妳是一個主動積極跟願意承擔事情的女生。」大家的回答幾乎千篇一律。

是啊！只要我決定要做什麼，我不會等人家交代，我會想盡辦法把它做好。她們看到是我努力那一塊，事後還會調侃我，「妳很好用啊！付一份薪水可以有三個人工作量有什麼不好？」也因為我無論處在哪一個角色我都盡心盡力，所以從我工作到現在的每個老闆都沒有擋我的路。他們認為我很積極成長，也很無私回饋。我也是常回去把我所學盡可能用他們聽得懂的語言說給他們聽，讓他們可以去改變公司的營收或者增加成員的荷包收入。因為是額外的相挺，他們總是不好意思，會想著要包個紅包給我當作講師的費用，我都開玩笑跟夥伴說，「希望他們多學點，以後多賺一點錢，再來跟我買保險！」他們也知道我完全是因為情義，別無所求。

我的初心就是情義相挺，並沒有帶目的性的去做，但令我感動的是，往往因此得到的更多。我幾乎每天都會在臉書上貼文，但很少講到自己的工作，因為我覺得過日子比較重要。當然，有很多人都唸我，妳都貼一些跟妳工作沒有關係的事情，也有很多人都勸我要高調一點，不然別人根本不知道我在做保險。我知道大家都是為我好，但我還是堅持在上到相關課程的時候才貼跟保險有關的文章，如果我有需求，我也會講，除此之外，我不會一天到晚跟人家講保險。當然他們也沒有錯，的確因為這樣子，人家就不會聚焦我是個做保險的人，但也正是因為這樣讓逢甲大學風險與保險學系的教授康裕民博士找上了我。有一天，我接到了教授的電話，還愣著問：你怎麼會有我的電話？他跟我說：因為妳很特別，妳的臉書上都沒有在寫保險。我並沒有大張旗鼓誇自己或說保險，但是仍舊可以吸引目光。換個角度想，正因為我「無所求」，沒有目的性，讓人看見真實的自己，所以才能「有所得」。

也許有人會問，妳這樣「無所求」不會遇到那種「軟土深掘」的人嗎？我覺得，很多事情沒有什麼理所當然，只要是對的事，如果我們先做了，不是一次、兩次，而是持續去做，始終如一地做，也一定會產生正面的循環。我也遇到過公認非常計較的人，但也是可以相處得很好。其他同事也好奇問過我「妳為什麼會跟他這麼好？」那是因為我會「互相」，我喜歡喝咖啡，每當我想喝咖啡的時候，我就會煮一壺分給大家喝，就這樣堅持做，久而久之，人家就會不好意思，也會煮咖啡給我喝，我們與人相處，不要先想要得到，你就是先給，一開始人家或許會跟你計較，久了，人家就不會計較了，開始會「互相」說穿了，不過就是這樣子而已。

—當自己的貴人—

要別人相信你　要先相信自己

很多同業或者是朋友會跟我說「我不喜歡做保險」，或者「我不適合做保險」但沒有做過，誰又知道適不適合？我也不適合啊？但 Look at me now! 看看我現在？每當我遇到任何挫折或者是接下做業務的挑戰，我都會先問自己一句「要不要？」當跟自己對話完之後，如果確定答案是「要」我就不會讓自己有任何退縮的藉口。我一直覺得，每件事背後一定有一個禮物，但總是要打開才知道。當我確定好我要做的事情，我就全力以赴，就像 DHL 使命必達，我的輸入程式裡面沒有「但是」這一項，我一定拼到最後一秒。

我常常鼓勵很多人，只要我做得到，你們就一定做得到。我是個用生命在寫故事的人。我想寫這本書也是想要影響周遭的人，讓他們能正念與轉念。畢竟人都喜歡跟正面的人在一起，但沒有人永遠是陽光或正面的。我遇到事情也會罵髒話，我也會挫折，但最大的不同在於，我逼自己轉念的速度比一般人快。我常覺得我並不聰明，甚至在大部分時候都是屬於「後知後覺」的那一個。不過，我遇到緊急事情或者是狀況，我不會沈溺在那個情緒裡太久。事情發生了，我就會認清事實，然後接受結果。假設我錢掉了，我會告訴自己，當作是去錢櫃唱歌花完了。我不會把情緒過份圈在那裡，這一點讓我在對不開心或不快樂的事情時「轉念」特別快。就像，以前很重朋友，有一次我很談得來的朋友突然就不理我了，我們之間什麼衝突都沒有，對方就是不接我的電話，我百思不得其解，後來寫一封信給她，告訴她「如果我無意中說話傷到了妳，我向妳道歉，但是如果妳覺得就這樣，那就這樣吧！我也祝福。」對方並沒有任何回應，直到有天，她傳訊息給我，說她有保險的問題，我也協助了她，我們之間的關係就淡淡的。經過這件事情，我覺得，在珍惜這段友誼方面我已經盡力了，我做到該做的了，最後的結果還是這樣，那我就會跟我自己講，緣盡了。人與人之間，很多時候不需要糾結，我們已經做了自己應盡的努力那就夠了。人生能遇到貴人是很幸運的，但如果沒有，別忘了我們還有自己。我們可以當自己的貴人。

要如何當自己的貴人？做好這點就可以「要先專注在自己身上」。很多人不是輸在能力而是輸在情緒。毀在「糾結」這點上。我覺得這樣很浪費時間，不要一直糾結著。很多人遇到事情會一直問「怎麼可以這樣？為什麼是我？」然後一直繞。如果是我，我會選擇「算了」。我們不需要去定位別人怎麼看我們，也不要把自己活在自己的世界裡。只要注意當我們在自在的狀態下要怎麼不去波及別人就好。以前聽老師們在台上講故事的時候，就當故事聽聽跟著笑一笑，但是當自己真正經歷過了，才知道有些「故事」發生在自己身上那就叫做「事故」。講穿了，人生難免遇到爛人或渣（男、女），萬一碰到了，不需要隨之起舞，只要我們不理會，他們就離開你的生命。以前我失戀的時候，都會叫朋友出來陪我唱歌、喝酒，但是現在，就算人家問了，我都不一定會想說。因為我的個性是同樣事情講久了，自己都覺得煩，當你走過來的時候，根本就不會想再去說那些曾經。我會在心裡告訴自己，你給我記著，我一定會把自己過得更好。後悔一定是你不是我。就像以前的前男友看到我在分手之後變得更好，問我會不會想復合，我只回「不可能！」這不是因為恩怨情仇，而是當自己提升了，眼界也不一樣了，想要的也就不同了。記得，先當自己的貴人！就算舉目無親沒有人扶，也不要留在原地哭泣，我們還有另一個選擇：瀟灑地轉身。當我們開始相信自己、幫助自己、改變與成長自己，人生就有另外一番風景。

—感恩與信仰愛—

每一次與客戶對談之後，如果成交了，走出門，我第一件事一定是謝天。

人往往會對別人的不周到耿耿於懷，卻常常會忘記對方可能在其他地方也對自己很好。對於自己身上所發生過的事情，我通常都看好的那一面，我不會把時間花在抱怨上。我一直對自己說「妳要感恩，不要陷入不開心。」一生命中發生的一切都值得感謝。常有第一次見到我的人會跟我說「啊～！陳玟君，我知道妳！妳就是常常在臉書上感恩那個！」一沒錯，我常常在感恩。我由衷覺得我的人生是別人給予的。我並沒有特別厲害。就像我第一次拿到一百萬的時候，我並沒有特別開心，我反而不斷地問自己：我何德何能能夠得到這筆錢？那我還能為這個社會做什麼？雖然在工作上我有女子漢的個性，只要確定是我要的，確定我的目標是沒有錯的，那我就會勇往直前。但是我個人的特質很溫潤，走過這段路會覺得人生很渺小，要隨時隨地感謝出現在妳生命中的人。

我到現在還是保持很真，我一直很真誠對待每個人。我想我能有今天，或許就是初心對了。到現在還是有很多客戶對我說：「陳玟君，妳不要變喔！」客戶說，我身上還有南部人的耿直，希望我能一直保持。一路走來，我單純沒有變質，我的真誠沒有被抹掉要感謝一路上遇到的朋友，疼惜我的後天家人，感謝在我保險初期力挺我的四位朋友，也感謝所有跟玟君一起成長的客戶。或許就像是《謝天》這篇文章中說的「要感謝的太多了，那就謝天吧！」感謝所有的遇見，感謝老天爺讓我能順利成交，留給我時間去幫助更多需要幫助的人，把愛給出去。

我的心很大。我沒有特別信仰，我的信仰就是愛。

一個人真正的療癒就是你不會介意再提起。對家人的愛是支撐我走過一切的最大力量。我一直告訴自己，當妳願意去承擔就不要去怨。一路上我扛了太多不屬於我的責任，雖然不能說甘之如飴，但甘願受，就要歡喜做。我媽媽有一陣子把我當客人，小心翼翼、客客氣氣，我知道我媽媽也在改變。以前媽媽是很明顯的重男輕女，但一路上我的付出，她也是看見的。

我覺察到了媽媽的改變之後，我跟媽媽說：「妳記住囉！妳沒有欠我。我很謝謝這一世妳來當我媽媽，很多事情，我心甘情願，因為我下輩子不來了。」沒錯，我媽媽曾重男輕女到一個不需要明眼人就可以看出來的程度。我姑姑就曾跟我說：「妳媽的偏心是全世界都看得出來的，只有妳最傻。」我想我是真的不聰明，但是，人家常說，天公疼憨人，我的親戚、好友什麼都很幫我，可能是我這個人的個性太天也太不計較，老天爺也挺厚待我的，我比很多人要更幸福，有很多貴人疼惜，尤其感謝我的姑姑跟姑丈，他們就像是我的爸爸、媽媽一樣，把我當成女兒在「秀」（惜）。

如果人生需要宗教，我想我應該比較偏零極限，我認為如果不滿意現在的自己，就要有所警覺去改變現在的自己。一個做盡壞事的人，如果沒有改變，就算每個禮拜都去教堂懺悔，那也是沒有用的。人會有無形中的循環，比如說如果不喜歡像爸爸一樣的人，那往往就會遇到一樣的人。那也是自己招來的。假設如果我復刻我媽媽的行為，那麼我就會得到相去不遠的經歷。那是自己選擇的結果。要改變，才能打破循環，跳脫慣性。我也嘗試著去跟自己和解或是跟家人和解，那一陣子，我常用《零極限》裏荷歐波諾波諾清理潛意識程式的四真言：「對不起、請原諒我、謝謝你、我愛你」來打掃自己蒙塵已久的心。爸爸跟我的關係一直都處於一種微妙的緊繃，在這一點上，我要感謝我姑姑，她是讓我跟我爸爸和解最重要的 Keyman（關鍵人物）我也因此釋懷了。

我常覺得很多事情是命中注定的，我們對很多東西要看淡。我現在隨時都在想，如果今天我突然沒有呼吸了，那我會感到遺憾的是什麼？媽媽照顧我一輩子，雖然家中有些重擔，我必須去扛，但畢竟她也為我付出很多。現在媽媽老了，我很珍惜跟她的每一天，在我有能力、時間跟金錢可以做到的的時候，我選擇盡量去創造美好回憶。我媽媽只要跟我說她沒有去過哪些地方吃過什麼，我就會帶她去，這樣她很開心，我也覺得很滿足。

人生就是如此。不管多有錢，能買再多的衣服跟鞋子，人都只有一個軀殼。當我們擁有過才知道什麼才是自己要的。當揮霍過，才知道什麼是捨得。我必須得要先「有」才會捨得「捨」。所以我一直努力讓自己在各方面都是豐足的：健康、快樂、人脈、財富、知識、智慧與愛，因為我要大把大把的給，盡其所能地捨。就像《牧羊少年奇幻之旅》中提到的「因為渴望是源自於天地之心，因為那就是你來到這世間的任務。」感恩老天爺，玟君鼓起追尋天命的勇氣，走在給予愛的道路上，我相信這一路上，會有更多的人與我同行。

企管銷售 53

心錨

姐就是答案

・作者　　陳玟君
・主編　　彭寶彬
・文字編輯　李少彤
・美術設計　張峻樑 ajhome0612@gmail.com
・發行人　彭寶彬
・出版者　誌成文化有限公司
116 台北市木新路三段 232 巷 45 弄 3 號 1 樓
電話：（02）2938-1078 傳真：（02）2937-8506
台北富邦銀行 木柵分行（012）
帳號：321-102-111142
戶名：誌成文化有限公司

・總經銷　采舍國際有限公司 www.silkbook.com 新絲路網路書店

・出版／ 2022 年 7 月 初版一刷
・ISBN／ 978-626-96030-1-5(平裝)

・定價／ 新台幣 300 元

國家圖書館出版品預行編目（CIP）資料

心錨：姐就是答案 / 陳玟君著 . -- 臺北市：誌成文化有限公司，2022.06

240 面；14.8*21 公分 . --（企管銷售；53）

ISBN 978-626-96030-1-5(平裝)

1.CST: 自我實現 2.CST: 自我肯定

177.2　　111008919